21世纪汽车专业"互联网+"创新型规划精品教材

汽车发动机构造与拆装

何 宇 单家正 李春超 主编

天津出版传媒集团

天津科学技术出版社

内 容 提 要

本书以汽车维修相关专业毕业生所从事职业的实际需求为基本依据，以企业的实际工作任务为主线，合理定位职业院校学生应具备的综合能力，以满足企业对技能人才的实际需求，真正体现职业教育的特色。

本书编写采用理论+技能训练的模式，教学内容共有8个项目，分别包括汽车发动机总体构造的认知、曲柄连杆机构的构造与拆装、配气机构的构造与拆装、燃油供给系统的构造与拆装、点火系统的构造与拆装、润滑系统的构造与拆装、冷却系统的构造与拆装、起动系统的构造与拆装等内容。为使本书的内容编排符合汽车维修企业的实际工作过程和学生的认知规律，大部分项目从元件的认知开始，逐渐深入到元件的拆装和检测，引导学生从结构到检测思路的逐步建立，突出了职业院校学生所需要掌握的动手能力和知识点，实用性较强。

本书可用于汽车维修相关专业的教材，也可以供汽车技术培训机构使用，同时也可作为从事汽车维修等相关行业人员的参考书。

图书在版编目（CIP）数据

汽车发动机构造与拆装／何宇，单家正，李春超主编．—天津：天津科学技术出版社，2022.4（2024.6重印）

ISBN 978-7-5576-9920-8

Ⅰ.①汽… Ⅱ.①何… ②单… ③李… Ⅲ.①汽车—发动机—构造—高等职业教育—教材 ②汽车—发动机—装配（机械）—高等职业教育—教材 Ⅳ.①U464

中国版本图书馆CIP数据核字（2022）第038439号

汽车发动机构造与拆装

QICHE FADONGJI GOUZAO YU CHAIZHUANG

责任编辑：刘　颖

责任印制：赵宇伦

出　　版：	天津出版传媒集团 天津科学技术出版社
地　　址：	天津市西康路35号
邮　　编：	300051
电　　话：	(022) 23332372
网　　址：	www.tjkjcbs.com.cn
发　　行：	新华书店经销
印　　刷：	昌昊伟业（天津）文化传媒有限公司

开本 889×1194　1/16　印张 12.5　字数 360 000
2024年6月第1版第2次印刷
定价：48.00元

前 言 PREFACE

百年大计，教育为本，强国富民，教育为先。《国家中长期教育改革和发展规划纲要（2010—2020年）》中提出：大力发展职业教育，把职业教育纳入经济社会发展和产业发展规划，把提高质量作为重点；以服务为宗旨，以就业为导向，推进教育教学改革。实行工学结合、校企合作、顶岗实习的人才培养模式，满足经济社会对高素质劳动者和技能型人才的需要。

"汽车发动机构造与拆装"是汽车检测与维修专业的核心专业课。通过本课程的学习，学生可以熟悉和掌握汽车发动机两大机构、五大系统的结构组成及检修方法，能为后续"汽车发动机电控系统检修""汽车故障诊断与检测"等专业课程的学习打下基础。

本教材从培养学生综合职业能力出发，根据汽车维修行业实际需求，以专项能力培养为目标，采用"项目—任务"来设置"理实一体化"的课程形式，学习内容与学生知识掌握规律相匹配，使学生更好地掌握相关技能和知识。本教材依据汽车修理工国家职业标准和1+X职业技能等级考核标准，结合汽车维修行业职业道德的要求，将专业能力与关键能力的培养、学习过程与工作过程融为一体，以此展开相关联部分的系统结构、系统原理、维修工艺、工量具使用，以及安全生产等内容的教学，突出介绍了实际操作的流程，以满足企业对技能人才的实际需求。

由于编者水平有限，书中难免出现缺点和错误，敬请广大读者对书中误漏之处予以批评指正。

编 者

编委会

主　审　张启森

主　编　何　宇　单家正　李春超

副主编　刘　治　周鹏程　姬尚崑
　　　　　周鹏飞　吕富强　回韶竹

编　者　顾永军　杜贵涛　潘旭红
　　　　　张国英　李旺发　邓宗博
　　　　　林　丽　李　博　韦燕杰

CONTENTS 目 录

项目一　汽车发动机总体构造的认知 ………………………………………………………… 1
　　任务一　汽车发动机的总体构造 ……………………………………………………… 1
　　任务二　汽车发动机的工作原理 ……………………………………………………… 6

项目二　曲柄连杆机构的构造与拆装 ……………………………………………………… 16
　　任务一　认知曲柄连杆机构 …………………………………………………………… 16
　　任务二　机体组的拆装与检修 ………………………………………………………… 21
　　任务三　活塞连杆组的拆装与检修 …………………………………………………… 36
　　任务四　曲轴飞轮组的拆装与检修 …………………………………………………… 49

项目三　配气机构的构造与拆装 …………………………………………………………… 60
　　任务一　认知配气机构 ………………………………………………………………… 60
　　任务二　配气相位和气门间隙调整 …………………………………………………… 66
　　任务三　气门组的拆装与检修 ………………………………………………………… 70
　　任务四　气门传动组的拆装与检修 …………………………………………………… 82

项目四　燃油供给系统的构造与拆装 ……………………………………………………… 94
　　任务一　认知燃油供给系统 …………………………………………………………… 94
　　任务二　燃油供给系统的拆装与检修 ………………………………………………… 98
　　任务三　电控汽油喷射系统的拆装与检修 …………………………………………… 109

项目五　点火系统的构造与拆装 …………………………………………………………… 120
　　任务一　认知点火系统 ………………………………………………………………… 120
　　任务二　点火系统主要零部件的拆装与检修 ………………………………………… 127

项目六　润滑系统的构造与拆装 …………………………………………………………… 136
　　任务一　认知润滑系统 ………………………………………………………………… 136
　　任务二　润滑系统主要零部件的拆装与检修 ………………………………………… 147

项目七　冷却系统的构造与拆装 ……………………………………………………… 158
　　任务一　认知冷却系统 ……………………………………………………… 158
　　任务二　冷却系统主要零部件的拆装与检修 ……………………………… 165

项目八　起动系统的构造与拆装 ……………………………………………………… 174
　　任务一　认知起动系统 ……………………………………………………… 174
　　任务二　起动机的拆装与检修 ……………………………………………… 177

参考文献 ………………………………………………………………………………… 189

项目一　汽车发动机总体构造的认知

学习目标

知识目标：
- 掌握汽车发动机的作用、类型、基本结构。
- 熟悉汽车发动机的常用专业术语。
- 熟悉汽车发动机的基本工作原理。
- 熟悉汽车发动机的型号编制规则。

技能目标：
- 能够在实车上快速准确地找到发动机各部件的位置。
- 能够对发动机常用拆装工具进行认知。

职业素养目标：
- 严谨的科学态度和精益求精的学习作风。
- 及时反思总结，在训练中积累经验。
- 养成良好的团队合作能力。
- 严格执行 6S 现场管理（SEIRI——整理、SEITON——整顿、SEISO——清扫、SEIKETSU——清洁、SHITSUKE——素养、SECURITY——安全），养成良好的职业习惯。

任务一　汽车发动机的总体构造

任务引入

某轿车无法行驶进厂维修，经初步检查，判断是发动机内部零件磨损严重，需进行解体维修。如果你是该项目的维修技师，那么你知道发动机的构造吗？

背景知识

一、汽车发动机的作用

发动机被誉为汽车的心脏，是汽车的动力源。汽车发动机大多是热能动力装置，简称热力机。热力机是借助工质的状态变化将燃料燃烧产生的热能转变为机械能，再通过传动装置将其传递到驱动轮，以驱动车辆行驶，汽车发动机如图 1-1-1 所示。

图 1-1-1　汽车发动机

二、汽车发动机的分类

发动机按不同的分类方式可分为多种类型，具体见表 1-1-1。现在，轿车多采用四冲程、多缸、水冷、汽油发动机。

表 1-1-1　发动机的分类

分类方式	类型	说明
按所用燃料不同分类	汽油发动机	其特点是转速高、质量小、噪音低、起动容易、制造成本低，主要用于轿车
	柴油发动机	其特点是压缩比大、热效率高、经济性能和排放性能比汽油发动机好，主要用于大中型客车和货车
	其他燃料发动机	主要有液化石油气发动机、压缩天然气发动机等
按工作循环方式不同分类	四冲程发动机	指曲轴转两圈（720°），活塞在汽缸内上下往复运动四个行程，完成一个工作循环的发动机
	二冲程发动机	指曲轴转一圈（360°），活塞在汽缸内上下往复运动两个行程，完成一个工作循环的发动机
按冷却方式不同分类	水冷式发动机	以水或冷却液为冷却介质，被广泛应用于现代车用发动机
	风冷式发动机	以空气为冷却介质，多用于摩托车发动机
按汽缸数目不同分类	单缸发动机	指仅有一个汽缸的发动机
	多缸发动机	指有两个及以上汽缸的发动机，其中，四缸、六缸、八缸发动机应用最广泛
按汽缸排列方式不同分类	直列式发动机	它的所有汽缸排列成一排，一般为四缸或六缸，普遍应用于乘用车
	V 型发动机	它的所有汽缸排成两排，两列汽缸夹角一般为 60°，从侧面看像 V 字形，普遍应用于乘用车
	水平对置发动机	发动机活塞平均分布在曲轴两侧，在水平方向上左右运动
按进气方式不同分类	非增压式（自然吸气）发动机	指进入汽缸前的空气或可燃混合气未经压缩的发动机，汽油发动机多为此类
	增压式（强制进气）发动机	指进入汽缸前的空气或可燃混合气先经过压气机压缩，以增大充量密度的发动机，柴油机多为此类
按活塞运动方式不同分类	往复活塞式发动机	指活塞在汽缸内做往复直线运动，一般的发动机多采用这种类型
	旋转活塞式发动机	指活塞在汽缸内做旋转运动

三、汽车发动机的结构

发动机是由多个机构和系统组成的复杂机器,如图1-1-2所示。现代汽车发动机结构形式多样,但就总体构造而言,都是由"两大机构、五大系统"组成,如图1-1-2所示。"两大机构"是指曲柄连杆机构、配气机构;"五大系统"是指燃料供给系统、冷却系统、润滑系统、起动系统、点火系统(柴油机没有该系统)。

图1-1-2 发动机结构

1. 曲柄连杆机构

曲柄连杆机构是发动机的安装基础和骨架,又是发动机实现运动转换和能量转换的核心机构。它主要由活塞组、连杆组和曲轴、飞轮组等零部件组成,如图1-1-3所示。

2. 配气机构

配气机构是发动机实现定时、定量向燃烧室供"气"和排出废气的机构。它主要由进气门、排气口、摇臂、推杆、挺柱和凸轮轴等零部件组成,如图1-1-4所示。

图1-1-3 曲柄连杆机构

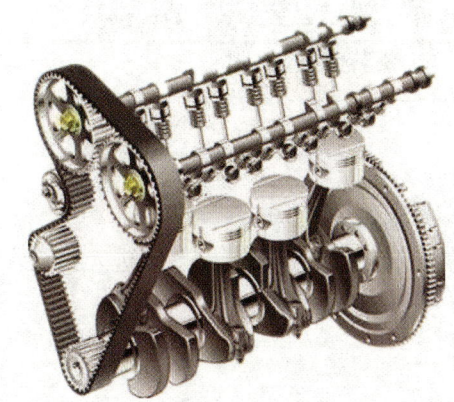

图1-1-4 配气机构

3. 燃料供给系统

燃料供给系统是根据发动机工况需要,定时、定量为燃烧室提供标准燃料或可燃混合气的系统。它主要由油箱、油泵、燃油滤清器、电喷装置、空气滤清器等零部件组成,如图1-1-5所示。

4. 点火系统

点火系统是按照发动机工作需要,定时、可靠点燃汽缸内的混合气的系统。它主要由蓄电池、发电机、点火线圈、分电器、点火模块、传感器,及电控单元、火花塞等组成,如图1-1-6所示。

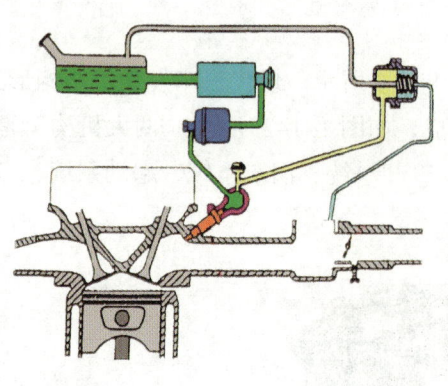
图 1-1-5 燃料供给系统

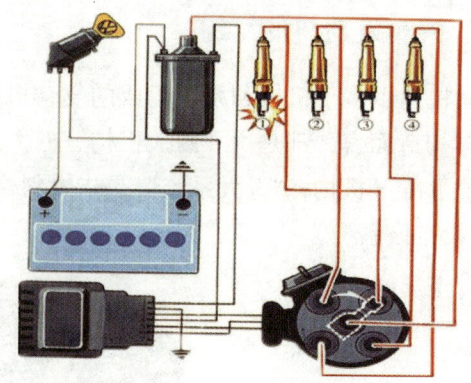
图 1-1-6 点火系统

5. 润滑系统

润滑系统是保证发动机各配合副以最小的摩擦阻力和最低的磨损量进行工作的系统。它主要由集滤器、机油泵、润滑油道、限压阀、机油滤清器等零部件组成，如图 1-1-7 所示。

6. 冷却系统

冷却系统是按照发动机工作需要，保证其在最适宜的温度下工作的系统。它主要由散热器、节温器、冷却水套、风扇等零部件组成，如图 1-1-8 所示。

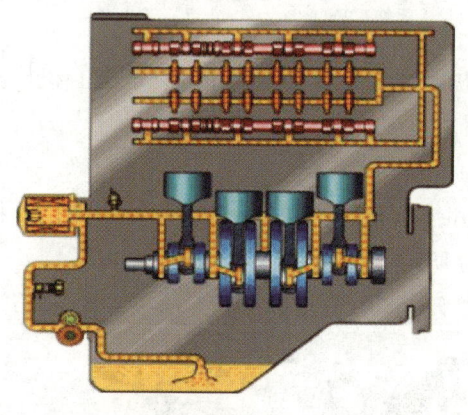
图 1-1-7 润滑系统

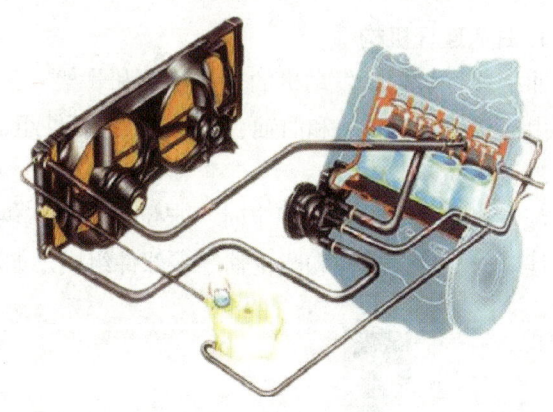
图 1-1-8 冷却系统

7. 起动系统

起动系统是使发动机由静止状态进入到正常工作状态的系统。它主要由起动机及其附属装置等组成，如图 1-1-9 所示。

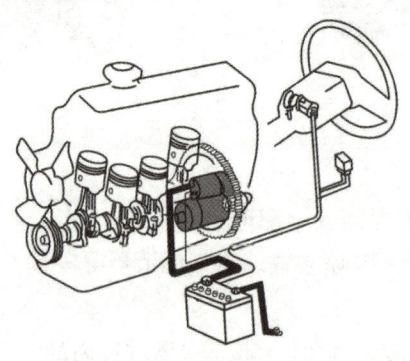
图 1-1-9 起动系统

任务实施

一、前期准备

安全防护：实训着装、完成设备防护和场地隔离。
工具设备：手电筒、防护用品、工具套装等。
实训设备：实训车、发动机台架。
辅助资料：维修手册、教材。

二、操作项目

1. 认知汽车发动机的两大机构

在图 1-1-10 中，找到发动机曲柄连杆机构的组成部件。
在图 1-1-10 中，找到发动机配气机构的组成部件。

2. 认知汽车发动机的五大系统

在图 1-1-10 中，找到发动机燃油供给系统的组成部件。
在图 1-1-10 中，找到发动机点火系统的组成部件。
在图 1-1-10 中，找到发动机润滑系统的组成部件。
在图 1-1-10 中，找到发动机冷却系统的组成部件。
在图 1-1-10 中，找到发动机起动系统的组成部件。

图 1-1-10 发动机的组成部件

三、任务考核

认知发动机任务的评分标准如下。

序号	作业项目	考核内容	配分	评分标准	扣分	得分
1	前期准备	清理工位及布置工位，检查设备的外观。	10	未清理工位扣5分，未对设备进行外观和安全检查扣5分		
2	汽车发动机的两大机构认知	能否快速找到并认知曲柄连杆机构的组成部件 能否快速找到并认知配气机构的组成部件	20	不能快速找到并准确说出对应的部件每次扣10分		
3	发动机的五大系统部件认知	能否快速找到并认知发动机燃油供给系统的组成部件 能否快速找到并认知发动机点火系统的组成部件 能否快速找到并认知发动机润滑系统的组成部件 能否快速找到并认知发动机冷却系统的组成部件 能否快速找到并认知发动机起动系统的组成部件	50	不能快速找到并准确说出对应的部件每次扣10分		
4	维修资料使用	能否正确使用维修资料	10	不会使用维修资料扣10分，使用不熟练扣5分		
5	6S现场管理	遵守实训室安全操作规范，无人身伤害和设备损坏	10	每单项扣5分，扣完为止。因违规操作发生人身伤害和设备损坏，此项不得分		
	合计		100			

任务二　汽车发动机的工作原理

任务引入

某轿车正在车间维修，车主向维修技师询问汽车运行过程中的问题，如果你是该维修技师，应该如何向车主说明汽车发动机常用专业术语和它的工作原理呢？

背景知识

一、汽车发动机常用术语

1. 上止点

上止点是指活塞上行至距离曲轴回转中心最远处时，活塞顶在汽缸中所处的位置，如图1-2-1所示。

2. 下止点

下止点是指活塞下行至距离曲轴回转中心最近处时，活塞顶在汽缸中所处的位置，如图 1-2-2 所示。

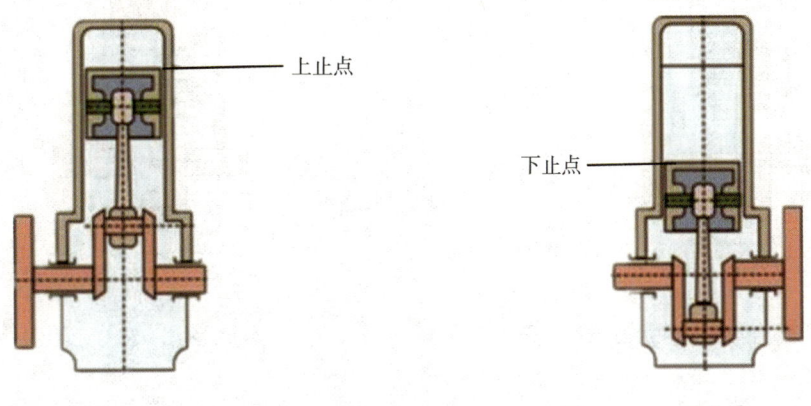

图 1-2-1　上止点　　　　　　图 1-2-2　下止点

3. 活塞行程

活塞行程是指活塞从一个止点到另一个止点移动的距离，即活塞在上、下止点之间的运行距离，用 S 表示。曲轴旋转 180°，活塞移动一个活塞行程，如图 1-2-3 所示。

4. 曲柄半径

曲柄半径是指曲轴回转中心到连杆轴颈轴线间的距离，如图 1-2-3 所示，用 R 表示。曲轴每回转一周，活塞移动两个活塞行程。对于汽缸中心线通过曲轴回转中心的内燃机，其 $S = 2R$。

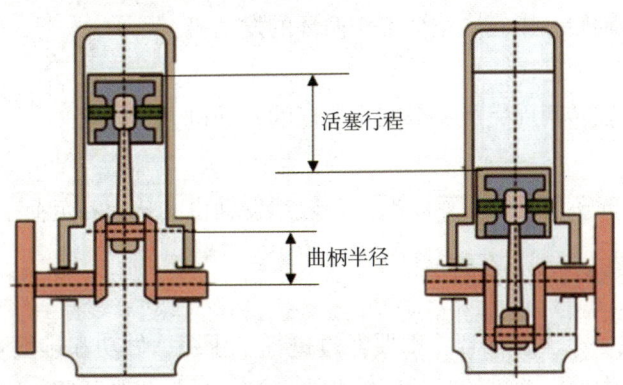

图 1-2-3　活塞行程和曲柄半径

5. 燃烧室容积

活塞在上止点时，活塞顶与汽缸盖之间的容积，称为燃烧室容积，用 V_c 表示，如图 1-2-4 所示。

6. 汽缸工作容积

活塞从一个止点移动到另一个止点所扫过空间的容积，称为汽缸的工作容积，如图 1-2-4 所示，用 V_h 表示。

7. 汽缸总容积

汽缸总容积是指活塞在下止点时，活塞顶上方整个空间的容积，称为汽缸总容积，如图 1-2-5 所示，用 V_a 表示。显然，汽缸总容积等于汽缸燃烧室容积与工作容积之和，即 $V_a = V_h + V_c$。

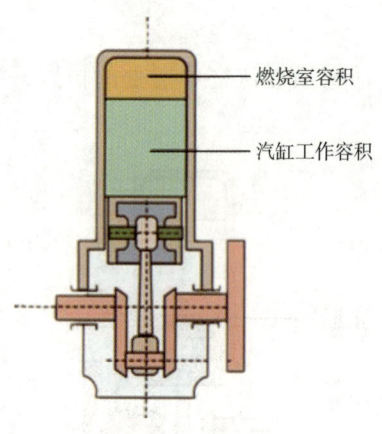
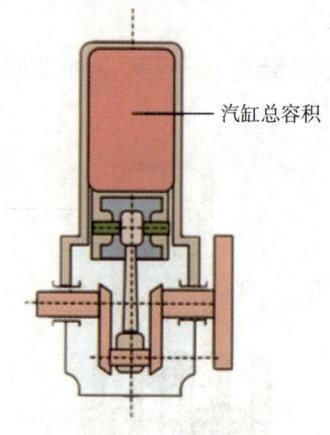

图 1-2-4　燃烧室容积和汽缸工作容积　　　　　图 1-2-5　汽缸总容积

8. 压缩比

压缩比是指汽缸总容积与燃烧室容积的比值，用 ε 表示，$\varepsilon = V_a / V_c$。压缩比是表示汽缸内气体被压缩程度的指标。压缩比越大，压缩终了时，汽缸内的气体压力和温度越高。

9. 发动机排量

发动机排量是多缸机汽缸工作容积之和，用 V_L 表示。

10. 工作循环

发动机每完成一个进气、压缩、做功和排气的工作过程，称为发动机一个工作循环。

11. 二冲程发动机

二冲程发动机是指曲轴转一周完成一个工作循环的发动机。

12. 四冲程发动机

四冲程发动机是指曲轴转两周完成一个工作循环的发动机。

13. 工况

工况指发动机在某一时刻所处的工作状况。一般用发动机的转速和负荷来表示。

二、四冲程汽油发动机工作原理

四冲程汽油机每完成一个工作循环，都要经过进气、压缩、做功和排气 4 个行程，周而复始，使曲轴连续运转。在此过程中，发动机的曲轴旋转两周，进、排气门各开闭一次。

1. 进气行程

如图 1-2-6 所示，进气过程中，排气门关闭，进气门打开。活塞在曲轴的带动下由上止点下移，因汽缸内容积逐渐增大而产生真空吸力，可燃混合气通过进气门被吸入汽缸，直至活塞向下运动到下止点。在进气过程中，受空气滤清器、进气管道、进气门等产生的阻力的影响，进气终了时，汽缸内气体压力略低于大气压，同时受到残余废气和高温机件加热的影响，温度升高。实际上，汽油机的进气门在活塞到达上止点之前打开，并且延迟到下止点之后关闭，以便吸入更多的可燃混合气。

2. 压缩行程

如图 1-2-7 所示，进气行程结束后，曲轴继续旋转，带动活塞从下止点向上止点运动，这时进气门和排气门都关闭，汽缸内成为封闭容积，可燃混合气不断受到压缩，其温度和压力不断升高，当活塞到达上止点时压缩行程结束，为燃烧创造了良好的条件。

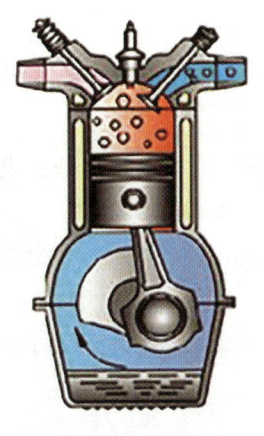
图 1-2-6 进气行程

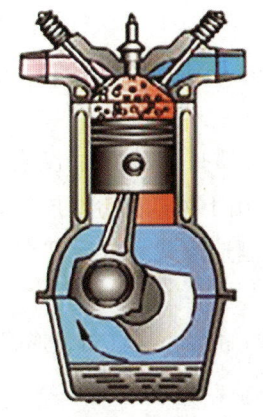
图 1-2-7 压缩行程

3. 做功行程

如图 1-2-8 所示，做功行程也称燃烧和膨胀行程。在这一行程中，进气门和排气门仍然保持关闭。当活塞位于压缩行程接近上止点（即点火提前角）位置时，火花塞产生电火花点燃可燃混合气，可燃混合气燃烧后放出大量的热使汽缸内的气体温度和压力急剧升高，高温高压气体的膨胀，推动活塞从上止点向下止点运动，通过连杆使曲轴旋转并输出机械功。随着活塞向下运动，汽缸内容积增加，气体压力和温度降低；当活塞运动到下止点时，做功行程结束。

4. 排气行程

如图 1-2-9 所示，做功行程结束时，活塞被燃气压力推至下止点，可燃混合气在汽缸内燃烧后成了废气。此时，排气门开启，进气门仍然关闭，靠废气的压力和曲轴的带动，活塞由下止点向上止点运动，汽缸中的废气经由排气门排出，直至活塞到达上止点后，排气门关闭，排气行程结束。实际上，汽油机的排气行程也是排气门提前打开，延迟关闭，以便排出更多的废气。

四冲程汽油机经过进气、压缩、做功、排气 4 个行程，完成了一个工作循环。这期间，活塞在上、下止点间往复运动了 4 个行程，相应地曲轴旋转了两周。曲轴继续旋转，活塞从上止点向下止点运动，又开始了下一个工作循环。

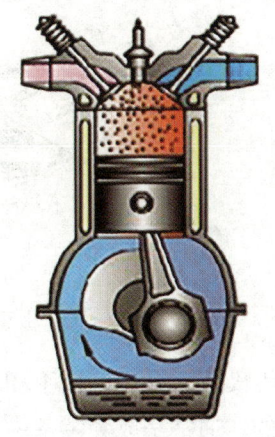
图 1-2-8 做功行程

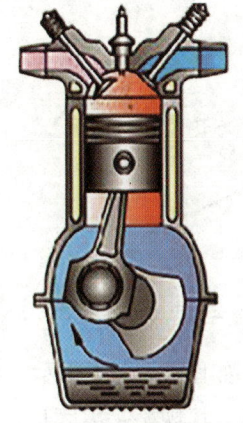
图 1-2-9 排气行程

三、汽车发动机型号编制规则

为了便于内燃机的生产管理和使用，我国对《内燃机产品名称和型号编制规则》（GB/T725—

2008）重新进行了审定和颁布。该标准的主要内容如下：

（1）内燃机产品名称应符合 GB/T1883.1 的规定，均按所采用的燃料命名，例如柴油机、汽油机、天然气机等。

（2）内燃机型号由阿拉伯数字、汉语拼音字母或国际通用的英文缩略字母组成。

（3）内燃机型号由下列四部分组成，如图 1-2-10 所示。

1）第一部分由制造商代号或系列符号组成。本部分代号由制造商根据需要选择相应 1~3 位字母表示。

2）第二部分由汽缸数、汽缸布置形式符号、冲程形式符号和缸径符号（亦可用发动机排量或功率数表示，其单位由制造商自定）组成。

3）第三部分由结构特征、用途特征符号和燃料符号组成。

4）第四部分为区分符号，同系列产品需要区分时，可以由制造商自行选定。

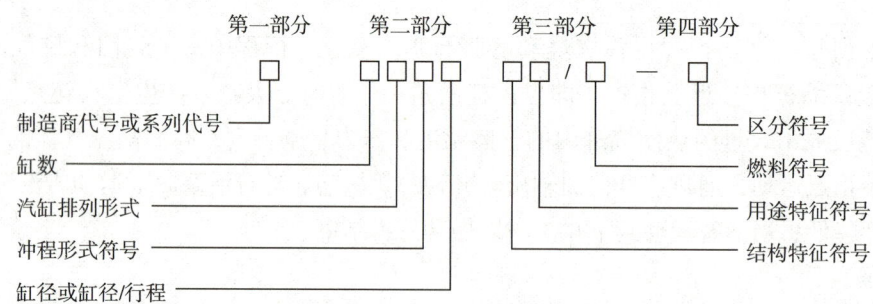

图 1-2-10　发动机型号表示方法

四、汽车发动机常用拆装工具

1. 普通扳手

（1）开口扳手，如图 1-2-11 所示。开口扳手是最常见的一种扳手，又称呆板手。其规格是以两端开口的宽度 S（mm）来表示的，通常是成套装备。

图 1-2-11　开口扳手　　　　图 1-2-12　梅花扳手

（2）梅花扳手，如图 1-2-12 所示。梅花扳手其两端是环状的，与开口扳手相比，梅花扳手强度高，使用时不易滑脱。其规格是以闭口尺寸 S（mm）来表示的，通常是成套装备，有 8 件一套、10 件一套等。

图 1-2-13　套筒扳手

（3）套筒扳手，如图 1-2-13 所示。套筒扳手的材料、环孔形状与梅花扳手相同，适用于拆装位置狭窄或需要一定扭矩的螺栓或螺母。

（4）活动扳手，如图 1-2-14 所示。活动扳手其开口尺寸能在一定的范围内任意调整，使用场合与开口扳手相同但活动扳手操作起来不太灵活。其规格以"长度 × 最大开口宽度（mm）"来表示。

（5）扭力扳手，如图 1-2-15 所示。扭力扳手是一种可读出所施力矩大小的专用工具。扭力扳手可以在紧固螺栓及螺母的同时测量正在施加的力矩（旋转力）。使用扭力扳手时需要装上套筒。

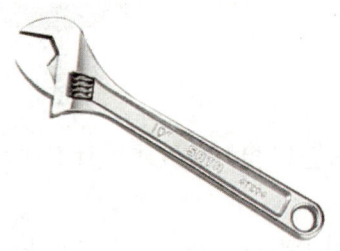 

图 1-2-14　活动扳手　　　　　　图 1-2-15　扭力扳手

2. 螺丝刀（起子）

（1）一字形螺丝刀，如图 1-2-16 所示，也可称为一字形螺钉旋具，用于旋紧或松开头部开一字槽的螺钉。其规格以刀体部分的长度表示。

（2）十字形螺丝刀，如图 1-2-17 所示，又称十字槽螺钉旋具，用于旋紧或松开头部带十字沟槽的螺钉，材料和规格与一字形螺丝刀相同。

图 1-2-16　一字形螺丝刀　　　　　　图 1-2-17　十字形螺丝刀

3. 锤类工具

（1）钳工锤，如图 1-2-18 所示，又称圆头锤。其锤头一端平面略有弧形，是基本工作面，另一端是球面，用来敲击凹凸形状的工件，规格以锤头质量来表示。

（2）橡胶锤，如图1-2-19所示，用于敲打容易损伤或不允许损伤的物件。

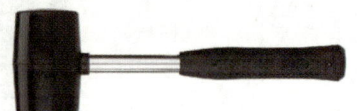

图1-2-18　钳工锤　　　　　　　　　　图1-2-19　橡胶锤

4. 钳类工具

（1）尖嘴钳，如图1-2-20所示。因其头部较长，所以能在较小的空间工作，带刃口的部位能剪切细小零件，使用时不能用力太大，否则钳口头部会变形或断裂，规格以钳的长度来表示。

（2）鲤鱼钳，如图1-2-21所示。鲤鱼钳钳头的前部是个平口细齿，适用于夹捏一些小零件，中部凹口粗长，用于夹持圆柱形零件，钳口后部的刃口可剪切金属丝，规格以钳长来表示。

图1-2-20　尖嘴钳　　　　　　　　　　图1-2-21　鲤鱼钳

（3）钢丝钳，如图1-2-22所示。钢丝钳的用途和鲤鱼钳相似，虽使用时不如鲤鱼钳灵活，但剪断金属丝的效果比鲤鱼钳要好。

（4）卡环拆装钳，如图1-2-23所示。卡环拆装钳用于夹持卡簧、锁销等圆形或圆柱形小件，拆装卡环。

图1-2-22　钢丝钳　　　　　　　　　　图1-2-23　卡环拆装钳

（5）活塞环拆装钳，如图1-2-24所示。活塞环拆装钳用于拆装活塞环。使用时，将活塞环装卸钳卡住活塞环开口，轻握手柄，慢慢收缩，活塞环就慢慢张开，此时可将活塞环装入或拆出活塞环槽。

（6）活塞环收紧器，如图1-2-25所示，用于收紧活塞环，把活塞装入汽缸。

图1-2-24　活塞环拆装钳　　　　　　　图1-2-25　活塞环收紧器

（7）拉拔器，如图1-2-26所示。拉拔器的作用是把物体从轴或孔上拉出。

（8）气门弹簧装卸钳，如图1-2-27所示，用于拆装气门的气门弹簧。

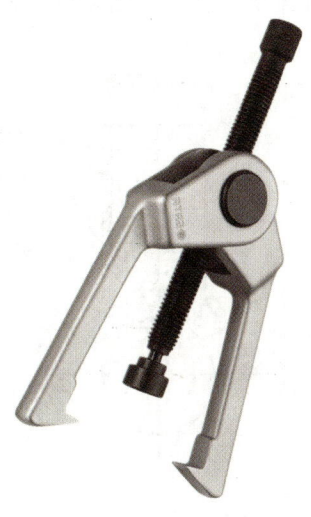

图1-2-26 拉拔器

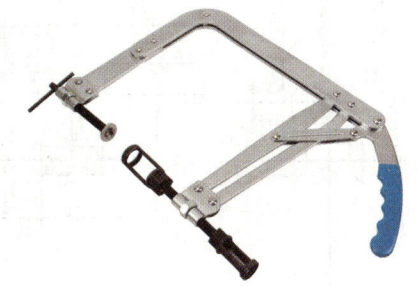

图1-2-27 气门弹簧装卸钳

5. 常用拆装工具的正确选用和注意事项

（1）扳手类工具

所选用的扳手的开口尺寸必须与螺栓或螺母的尺寸相符，扳手开口过大易滑脱并损伤螺件的六角。对于进口汽车，应注意扳手公英制的选择；各类扳手的选用原则是：优先选用套筒扳手，其次为梅花扳手，再次为开口扳手，最后选用活动扳手。

为防止扳手损坏和滑脱，应使拉力作用在开口较厚的一边，这一点对受力较大的活动扳手尤其应该注意，以防开口出现"八"字形，损坏螺母和扳手。

普通扳手是按人手的力量来设计的，不能用锤子击打扳手；除套筒扳手外，其他扳手都不能套装加力杆，以防损坏扳手或螺纹连接件。

（2）螺丝刀

螺丝刀型号规格的选择应以沟槽的宽度为原则，不可带电操作；使用时，除施加扭力外还应施加适当的轴向力，以防滑脱损坏零件；不可用螺丝刀撬任何物品。

（3）手锤的使用方法

手锤的常用方法有手腕挥锤、小臂挥锤和大臂挥锤三种，手腕挥锤只有手腕动，锤击力小，但准、快、省力；小臂挥锤是手腕与肘部一起挥动锤击运动，采用松握法握锤，因挥动幅度较大，故锤击力也较大，这种方法应用最多；大臂挥锤是大臂和小臂一起运动，锤击力最大。注意事项：使用手锤前切记要仔细检查锤头和锤把是否楔塞牢固，握锤应握住锤把后部。

任务实施

一、前期准备

安全防护：实训着装、完成设备防护及场地隔离。

工具设备：手电筒、防护用品、工具套装等。

实训设备：实训车或发动机总成台架。

辅助资料：维修手册、教材。

二、操作项目

（1）观察发动机台架，在实物上理解汽车发动机的常用专业术语，并完成图相应内容的填空。

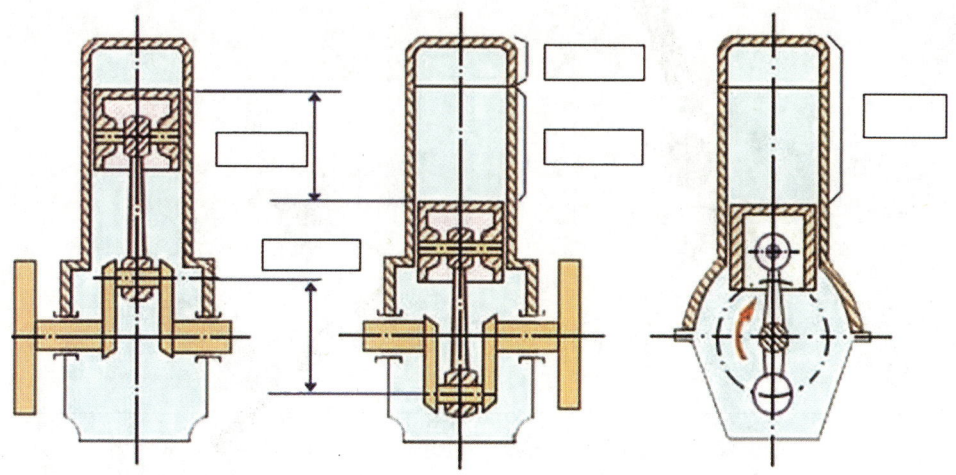

（2）观察发动机台架，在实物上理解汽车发动机的基本工作原理，并完成图中相应内容的填空。

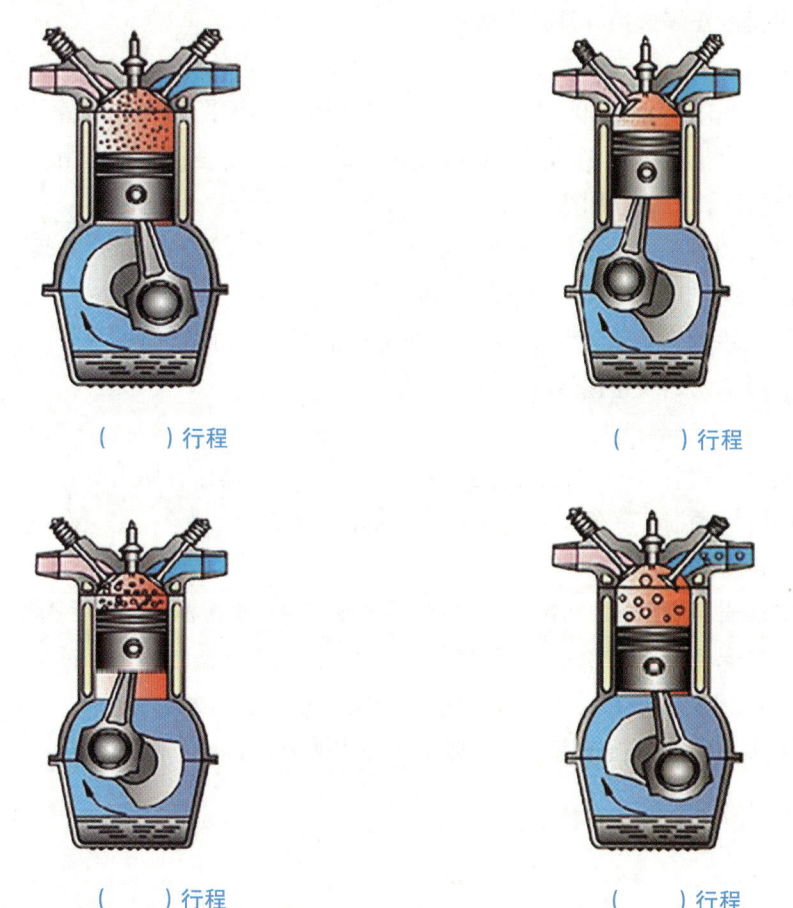

（　　）行程　　　　　　　　　　（　　）行程

（　　）行程　　　　　　　　　　（　　）行程

（3）观察实训车发动机铭牌，写出该发动机型号编制的含义。

项目测评

一、填空题

1. 按冷却方式不同，发动机可以分为_____和_____。
2. 按照发动机活塞运动的行程数可分为_____和_____。
3. 四冲程发动机的工作过程包括_____、_____、_____和_____。
4. 发动机按照完成一个工作循环所需要的行程数的不同可分为_____和_____。

二、单项选择题

1. 四冲程发动机，进气行程中，进、排气门的状态是（   ）。
   A. 进、排气门都开　　　　　　　　B. 进气门开，排气门关
   C. 进气门关，排气门关　　　　　　D. 进气门关，排气门开
2. 对于四冲程发动机来说，发动机每完成一个工作循环，曲轴要旋转（   ）。
   A. 180°　　　B. 360°　　　C. 540°　　　D. 720°
3. 汽车发动机的作用是把燃料燃烧释放的热能转化为（   ）。
   A. 热能　　　B. 化学能　　　C. 机械能　　　D. 动能
4. 现在，轿车多采用四冲程、多缸、（   ）、汽油发动机。
   A. 水冷　　　B. 风冷　　　C. 自然冷却　　　D. 太阳能

三、判断题（对的画"√"，错的画"×"）

1. 发动机的基本组成中的两大机构指的是曲柄连杆机构和配气机构。（   ）
2. 发动机压缩比指汽缸的燃烧室容积与汽缸总容积的比值。（   ）
3. 活塞燃烧室容积是指活塞到下止点时，活塞上方的容积。（   ）
4. 四冲程发动机在进行压缩冲程时，进、排气门都是关闭的。（   ）
5. 汽油机的组成部分有点火系统，柴油机也有点火系统。（   ）

四、简答题

1. 简述四冲程发动机的工作原理。
2. 简述汽车发动机的基本结构。
3. 常用扳手有哪几种？怎样正确使用？

项目二　曲柄连杆机构的构造与拆装

学习目标

知识目标：
- 掌握曲柄连杆机构的作用和基本结构。
- 熟悉机体组的组成、作用和类型。
- 熟悉活塞连杆组的组成、作用和基本工作原理。
- 熟悉曲轴飞轮组的组成、作用和基本工作原理。

技能目标：
- 能够在实车或台架上快速准确地找到曲柄连杆机构各部件的位置。
- 能够选择和使用正确的拆装工具拆装曲轴连杆机构各组件。
- 能够根据维修手册正确对曲轴连杆机构各组件进行检修。

职业素养目标：
- 严谨的科学态度和精益求精的学习作风。
- 及时反思总结，在训练中积累经验。
- 养成良好的团队合作能力。
- 严格执行6S现场管理（SEIRI——整理、SEITON——整顿、SEISO——清扫、SEIKETSU——清洁、SHITSUKE——素养、SECURITY——安全），养成良好的职业习惯。

任务一　认知曲柄连杆机构

任务引入

某轿车运转时发动机异响，经初步检查，判断发动机曲柄连杆机构可能出现故障，需进行拆装维修。如果你是该项目的维修技师，那么你知道曲柄连杆机构的构造吗？

背景知识

一、曲柄连杆机构的作用

曲柄连杆机构是发动机实现工作循环、完成能量转换和运动转换的主要机构。它能将燃料燃烧产生的热能转变为机械能并由飞轮输出。在发动机的工作过程中，燃料燃烧产生的气体压力直接作用在活塞顶上，推动活塞做往复直线运动，经活塞销、连杆传到曲轴将活塞的往复直线运动转换为曲轴的旋转运动，如图2-1-1所示。

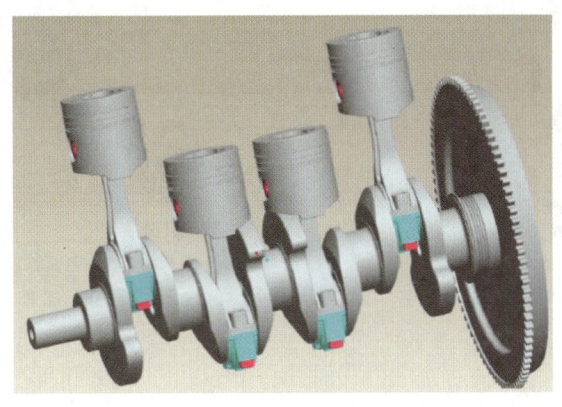

图 2-1-1　曲柄连杆机构的作用

二、曲柄连杆机构的结构

曲柄连杆机构由机体组、活塞连杆组和曲轴飞轮组三部分组成。

1. 机体组

机体组包括汽缸体、汽缸盖、汽缸衬垫、汽缸盖罩和油底壳等，如图2-1-2所示。机体是发动机的骨架，除了作为汽缸套及曲柄连杆机构运动件的支承外，还装有汽缸盖、配气机构和驱动机构的机件，以及各辅助系统的一些附件，并以其支座安装在车辆上。

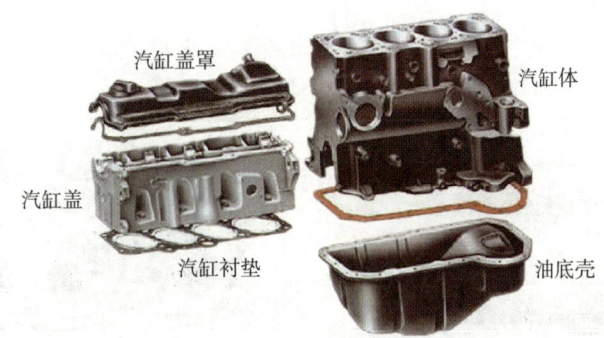

图 2-1-2　机体组

2. 活塞连杆组

活塞连杆组由活塞、活塞环、活塞销、连杆、连杆轴瓦等组成，如图2-1-3所示。活塞承受气体压力，并通过活塞销和连杆使曲轴旋转。活塞顶部还是燃烧室的组成部分。

3. 曲轴飞轮组

曲轴飞轮组主要由曲轴、飞轮、曲轴扭转减振器等组成，如图2-1-4所示。曲轴把连杆传来的气体压力转变为转矩对外输出，将作用在活塞上的气体压力变为旋转的动力，传给底盘的传动机构，同时驱动配气机构和其他辅助装置，如风扇、水泵、发电机等运转。

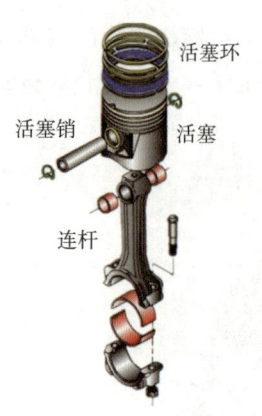

图 2-1-3 活塞连杆组

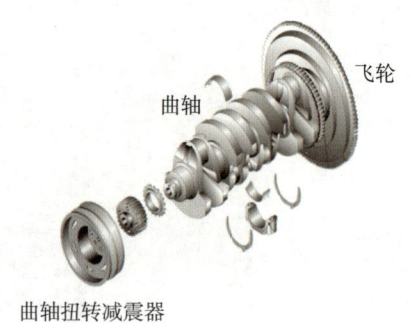

图 2-1-4 曲轴飞轮组

任务实施

一、前期准备

安全防护：实训着装、完成设备防护及场地隔离。
工具设备：手电筒、防护用品、工具套装等。
实训设备：某轿车 LDE 发动机台架。
辅助资料：维修手册、教材。

二、操作项目

1. 认知机体组的组成部件

（1）在发动机台架上，找到并认知汽缸盖罩，如图 2-1-5 所示。
（2）在发动机台架上，找到并认知汽缸盖，如图 2-1-6 所示。

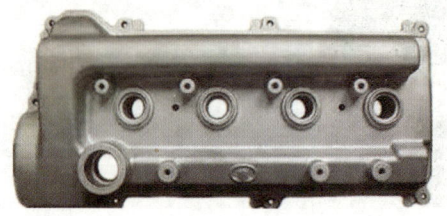

图 2-1-5 汽缸盖罩

图 2-1-6 汽缸盖

（3）在发动机台架上，找到并认知汽缸衬垫，如图 2-1-7 所示。

图 2-1-7 汽缸衬垫

（4）在发动机台架上，找到并认知汽缸体，如图 2-1-8 所示。

（5）在发动机台架上，找到并认知油底壳，如图2-1-9所示。

图2-1-8　汽缸体

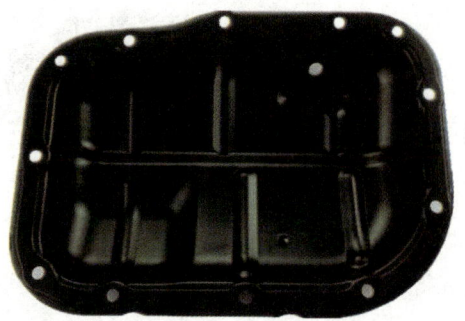
图2-1-9　油底壳

2. 认知活塞连杆组的组成部件

（1）在发动机台架上，找到并认知活塞，如图2-1-10所示。

图2-1-10　活塞

（2）在发动机台架上，找到并认知活塞环，如图2-1-11所示。

图2-1-11　活塞环

（3）在发动机台架上，找到并认知活塞销，如图2-1-12所示。

图2-1-12　活塞销

（4）在发动机台架上，找到并认知活塞连杆，如图2-1-13所示。

图2-1-13　活塞连杆

（5）在发动机台架上，找到并认知连杆轴瓦，如图2-1-14所示。

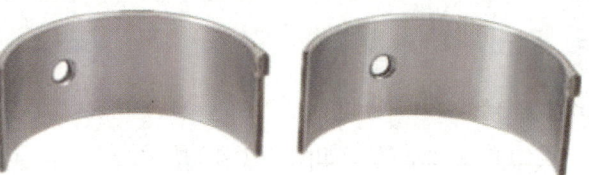

图2-1-14　连杆轴瓦

3. 认知曲轴飞轮组的组成部件

（1）在发动机台架上，找到并认知曲轴，如图2-1-15所示。

图2-1-15　曲轴

（2）在发动机台架上，找到并认知飞轮，如图2-1-16所示。

（3）在发动机台架上，找到并认知曲轴扭转减振器，如图2-1-17所示。

图2-1-16　飞轮　　　　　　　　图2-1-17　曲轴扭转减振器

三、任务考核

认知曲柄连杆机构评分标准。

序号	作业项目	考核内容	配分	评分标准	扣分	得分
1	前期准备	清理工位及工位布置,设备的外观检查	10	未清理工位扣5分,未对设备进行外观和安全检查扣5分		
2	认知机体组部件	能否快速找到并认知汽缸盖罩 能否快速找到并认知汽缸盖 能否快速找到并认知汽缸衬垫 能否快速找到并认知汽缸体 能否快速找到并认知油底壳	25	不能快速找到并准确说出机体组部件每次扣5分		
3	认知活塞连杆组部件	能否快速找到并认知活塞 能否快速找到并认知活塞环 能否快速找到并认知活塞销 能否快速找到并认知连杆 能否快速找到并认知连杆轴瓦	25	不能快速找到并准确说出活塞连杆组部件每次扣5分		
4	认知曲轴飞轮组部件	能否快速找到并认知曲轴 能否快速找到并认知飞轮 能否快速找到并认知曲轴扭转减振器	15	不能快速找到并准确说出曲轴飞轮组部件每次扣5分		
5	维修资料使用	能否正确使用维修资料	10	不会使用维修资料扣10分,使用不熟练扣5分		
6	6S现场管理	遵守实训室安全操作规范,无人身伤害和设备损坏	15	每单项扣5分,扣完为止。因违规操作发生人身伤害和设备损坏,此项不得分		
	合计		100			

任务二　　机体组的拆装与检修

导学视频

任务引入

某轿车在做车辆维护检查时发现汽缸盖罩边缘渗油较严重,与客户沟通后,需要对其进行维修,如果你是该维修技师,应该如何操作?

背景知识

机体组包括汽缸盖罩、汽缸盖、汽缸衬垫、汽缸体和油底壳等,机体是发动机的骨架,除了作为汽缸套及曲柄连杆机构运动件的支承外,还安装汽缸盖、配气机构和驱动机构的机件,以及各辅助系统的一些附件,并以其支座安装在车辆上。同时,机体内部还设有冷却液道与润滑油道,机体必须有足够的强度和刚度。

一、汽缸盖罩

在汽缸盖上部有起封闭、密封及防尘作用的汽缸盖罩，一般用薄钢板冲压或者采用注塑模具加工而成，如图 2-2-1 所示，汽缸盖罩上设有加注机油用的注油孔，汽缸盖罩与汽缸盖之间设有密封垫。

图 2-2-1　汽缸盖罩

二、汽缸盖

汽缸盖的作用是用来封闭汽缸，并与活塞顶部组成燃烧室，如图 2-2-2 所示，其材料主要有灰铸铁（或合金铸铁）和铝合金两种。水冷发动机汽缸盖内部有冷却水套，汽缸盖下端面的冷却水孔与汽缸体的冷却水孔相通，利用循环水来冷却燃烧室等高温部分。

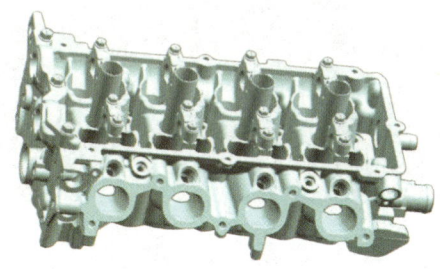

图 2-2-2　汽缸盖

1. 汽缸盖的结构

汽缸盖上装有进、排气门座，设有气门导管孔进气道和排气道等。汽油机的汽缸盖上有安装火花塞的孔，而柴油机的汽缸盖上有安装喷油器的孔。顶置凸轮轴式发动机的汽缸盖上还有凸轮轴轴承孔，用以安装凸轮轴。

2. 汽缸盖的分类

汽缸盖的结构比较复杂，它与发动机的类型、燃烧室的形状、气门和顶置式凸轮轴的布置，以及冷却水套的安装等有密切关系。为了制造和维护方便，减小变形对密封的影响，缸径较大的柴油机多采用分开式汽缸盖，即一缸一盖式、二缸一盖式或三缸一盖式汽缸盖。汽油机一般缸径较小，缸盖负荷较轻，故比较轻巧，多采用整体式缸盖，如图 2-2-3 所示，也有采用分开式的，如图 2-2-4 所示。

图 2-2-3　整体式缸盖　　　　　　　　　　图 2-2-4　分开式缸盖

3. 燃烧室

汽缸盖是燃烧室的组成部分，燃烧室的形状对发动机的影响很大。由于汽油机和柴油机的燃烧方式不同，因此，燃烧室的差别也较大。汽油机的燃烧室主要在汽缸盖上，而柴油机的燃烧室主要是活塞顶部的凹坑。汽油机的燃烧室是由活塞顶部及缸盖上相应的凹部空间组成的，常用的有以下几种，如图2-2-5所示。

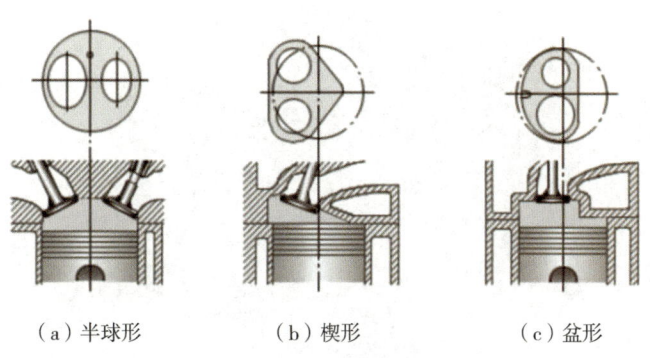

（a）半球形　　　　（b）楔形　　　　（c）盆形

图2-2-5　燃烧室类型

（1）半球形燃烧室。如图2-2-5（a）所示，半球形燃烧室结构紧凑，气门位于球面上，可增大进气面积，火花塞位于气门中间，火焰传播距离短，没有挤气面积，所以汽缸内的气流运动较弱，容易实现多气门机构的布置。

（2）楔形燃烧室。如图2-2-5（b）所示，楔形燃烧室结构紧凑，面容比（燃烧室表面积与其容积之比）小，爆燃的可能性小，火花塞处扫气方便，点火性能好，气门布置在斜面上，可增大进气面积，能形成一定的挤流，有利于火焰的传播和燃料的燃烧。

（3）盆形燃烧室。如图2-2-5（c）所示，盆形燃烧室结构简单，但面容比较大，HC排放较大能形成一定的挤气面积，有利于火焰传播和燃料燃烧，工作柔和，缸盖的工艺性好。

三、汽缸衬垫

汽缸衬垫安装在汽缸盖和汽缸之间，其作用是保证汽缸盖与汽缸体接触面的密封，防止渗漏。汽缸衬垫的材料要有一定的弹性，以确保密封，同时要有好的耐热性和耐压性，在高温高压下不烧损、不变形。轿车汽缸衬垫多采用冷轧钢片制成。有的发动机还采用编织的钢丝或有孔钢片为骨架，两面用石棉及橡胶黏结剂压成的汽缸衬垫，如图2-2-6所示。

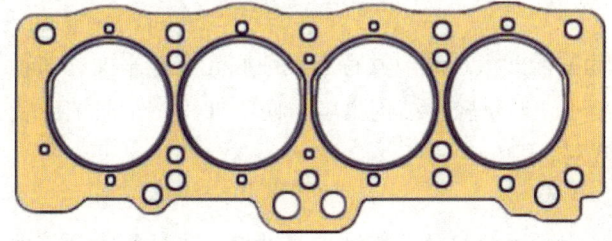

图2-2-6　汽缸衬垫

四、汽缸体

发动机的汽缸体和曲轴箱常铸成一体，统称为汽缸体。

1. 汽缸体的结构

汽缸体一般用高强度灰铸铁或铝合金铸成，上半部的圆柱形空腔称为汽缸，下半部为支承曲轴的曲轴箱，其内腔为曲轴运动的空间，如图2-2-7所示。在汽缸体内部铸有冷却水套、润滑油道及许多加强筋。汽缸体的构造与汽缸排列形式、汽缸结构形式和曲轴箱结构形式有关。

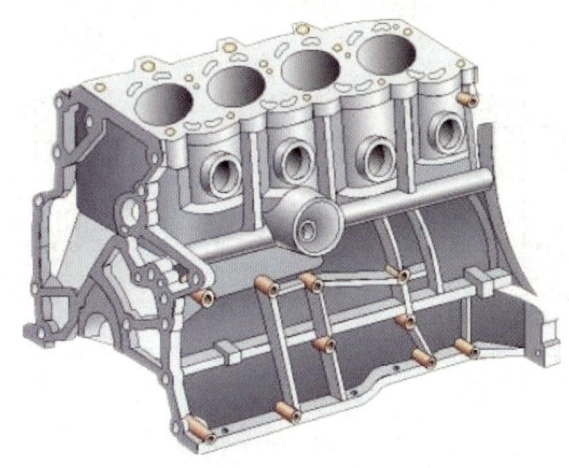

图 2-2-7 汽缸体

2. 汽缸体的结构形式

汽缸体的结构形式也称为曲轴箱结构形式，根据汽缸体与油底壳安装平面位置的不同通常把汽缸体结构形式分为以下三种，如图2-2-8所示。

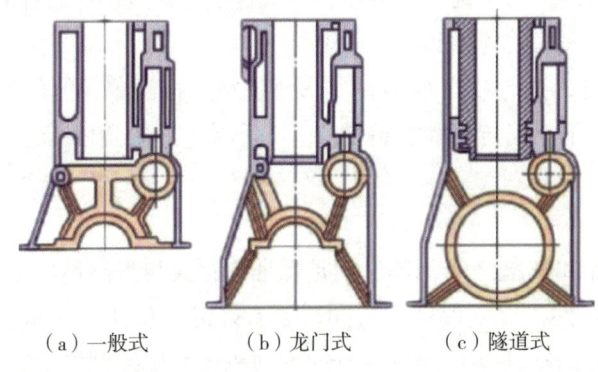

（a）一般式　　（b）龙门式　　（c）隧道式

图 2-2-8 汽缸体结构形式

（1）一般式汽缸体

如图2-2-8（a）所示为一般式汽缸体，其特点是油底壳安装平面和曲轴旋转中心在同一高度。这种汽缸体的优点是整体高度小、质量轻、结构紧凑、便于加工，及曲轴拆装方便，缺点是刚度和强度较差，一般适用于中、小型发动机。

（2）龙门式汽缸体

如图2-2-8（b）所示为龙门式汽缸体，其特点是油底壳安装平面低于曲轴的旋转中心。它的优点是强度和刚度较好，能承受较大的机械负荷，缺点是工艺性较差、结构笨重、加工较困难，采用这种汽缸体的发动机较多，如老款的捷达、桑塔纳等轿车的发动机。

（3）隧道式汽缸体

如图2-2-8（c）所示为隧道式汽缸体，这种汽缸体曲轴的主轴承孔为整体式，采用滚动轴承，主轴承孔较大，曲轴从汽缸体后部穿入安装。其优点是结构紧凑、刚度和强度好，缺点是加工精度要求高、工艺性较差、曲轴拆装不方便。它主要用在一些负荷较大的柴油机上。

3. 汽缸排列形式

对于多缸发动机，汽缸的排列形式决定了发动机的外形尺寸和结构特点，对发动机机体的刚度和强度也有影响，并关系到汽车的总体布置。按照汽缸排列方式的不同，汽缸体常分成直列式、V形式和对置式三种，如图2-2-9所示。

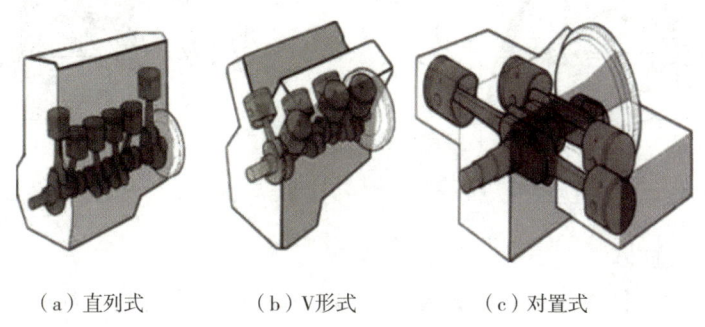

（a）直列式　　（b）V形式　　（c）对置式

图 2-2-9　汽缸排列形式

（1）直列式汽缸排列

如图2-2-9（a）所示，发动机各汽缸排成一直列称为直列式汽缸排列，一般是垂直布置的，其特点是结构简单，加工容易，但发动机的长度和高度较大。通常把采用直列式汽缸排列的发动机称为直列式发动机。一般多用于六缸以下发动机，如科鲁兹、威朗等轿车的发动机。

（2）V形式汽缸排列

如图2-2-9所示（b），发动机汽缸排成两列，左右两列汽缸中心线的夹角小于180°，称为V形式汽缸排列。V形式汽缸体与直列式汽缸体相比，缩短了机体的长度和高度，增加了汽缸体的刚度，减小了发动机的质量，但加大了发动机的宽度，且形状较复杂，加工困难。采用V形式汽缸排列的发动机称之为V形式发动机，目前有V4、V6、V8、V10、V12，及V16等机型。

（3）对置式汽缸排列

如图2-2-9（c）所示，发动机汽缸排成两列，左右两列汽缸在同一水平面上，即左右两列汽缸中心线的夹角等于180°，它的特点是高度小，重心低，总体布置方便，平衡性好，有利于风冷。

4. 汽缸结构形式

汽缸结构形式有三种：无汽缸套式、干式汽缸套式和湿式汽缸套式。

（1）无汽缸套式汽缸体

无汽缸套式汽缸体是在机体上直接加工出汽缸，也称为整体式汽缸，如图2-2-10所示，其优点是可以缩短汽缸中心距，从而减小机体的尺寸和质量，机体刚度大，工艺性好，能承受较大的载荷。但整体式汽缸对汽缸体材料要求较高，成本也比较高。

用耐磨的优质材料制成汽缸套，然后再装到用价格较低的一般材料制造的汽缸体内，不但降低了制造成本，而且汽缸套可以从汽缸体中取出，因而便于修理和更换，并可大大延长汽缸体的使用寿命。

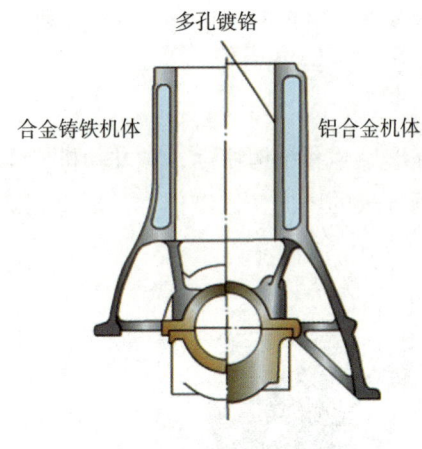
图 2-2-10 无汽缸套式汽缸体

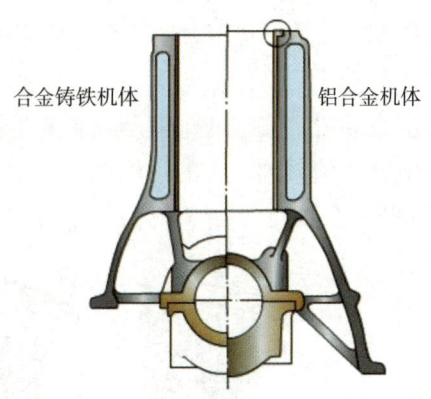
图 2-2-11 干式汽缸套式汽缸体

（2）干式汽缸套式汽缸体

干式汽缸套式汽缸体的特点是汽缸套装入汽缸体后其外壁不直接与冷却液接触，而是和汽缸体的壁面直接接触。干式汽缸套的壁厚较薄，如图 2-2-11 所示。这种汽缸具有整体式汽缸的优点，强度和刚度都较好，但汽缸套加工比较复杂，内、外表面都需要进行精加工，拆装不方便，散热不良。

（3）湿式汽缸套式汽缸体

湿式汽缸套式汽缸体的特点是汽缸套装入汽缸体后，其外壁直接与冷却液接触，汽缸套仅在上、下各有环带和汽缸体接触，如图 2-2-12 所示。这种汽缸散热良好、冷却均匀、拆装方便、加工容易，通常只需要精加工汽缸套的内表面，而与冷却液接触的外表面不需要加工。其缺点是强度、刚度都不如干式汽缸套式的汽缸好，而且容易产生渗漏现象。

湿式汽缸套上部的密封是通过拧紧汽缸盖螺栓来实现的，将压紧力作用到汽缸套凸缘上，使汽缸套与汽缸盖衬垫和机体支承面贴合紧密，防止汽缸漏气、冷却液套渗漏，以及汽缸套松动。

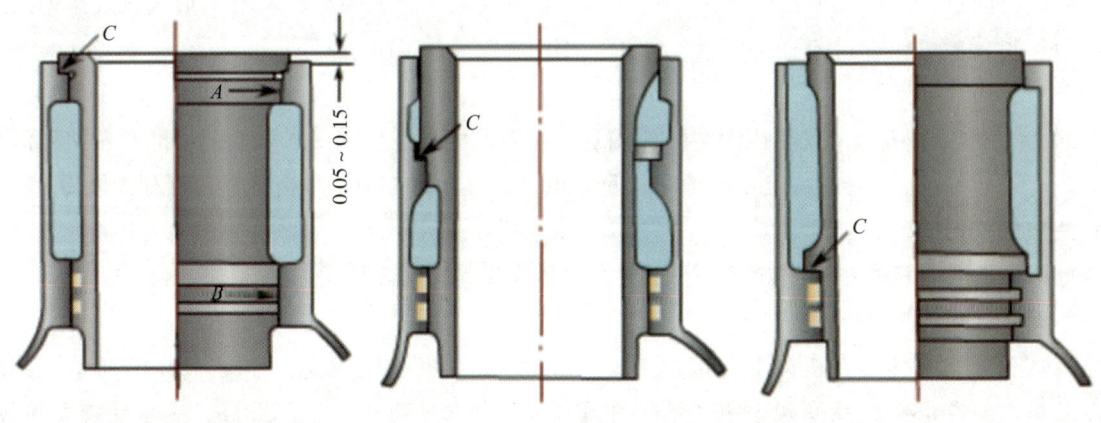
图 2-2-12 湿式汽缸套式汽缸体

五、油底壳

油底壳的主要功用是储存机油并封闭曲轴箱。油底壳受力很小，一般采用薄钢板冲压而成，如图 2-2-13 所示。其形状取决于发动机的总体布置和机油的容量。在有些发动机上，为了加强油底壳内机油的散热，采用铝合金铸造的油底壳，在壳的底部还铸有相应的散热肋片。

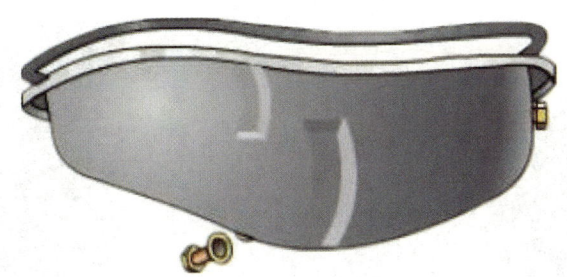

图 2-2-13 油底壳

为了保证在发动机纵向倾斜时机油泵能经常吸到机油，油底壳后部一般做得较深。油底壳内还设有挡油板，防止汽车行驶时油面波动过大。油底壳底部装有放油塞。有的放油塞是磁性的，能吸集机油中的金属屑，以减少发动机运动零件的磨损。

任务实施

一、前期准备

安全防护：实训着装、完成设备防护和场地隔离。
工具设备：手电筒、防护用品、拆装工具套装、测量工具等。
实训设备：某轿车 LDE 发动机台架。
辅助资料：维修手册、教材。

二、操作项目

1. 拆卸机体组

（1）拆下汽缸盖罩，如图 2-2-14 所示。
（2）拆下正时皮带上前盖，如图 2-2-15 所示。

图 2-2-14 拆下汽缸盖罩

图 2-2-15 拆下正时皮带上前盖

（3）拆下曲轴扭转减振器，如图 2-2-16 所示。
（4）拆下正时皮带下前盖，如图 2-2-17 所示。

图 2-2-16　拆下曲轴扭转减振器

图 2-2-17　拆下正时皮带下前盖

（5）拆下正时皮带中前盖，如图 2-2-18 所示。
（6）拆下正时皮带张紧器，如图 2-2-19 所示。

图 2-2-18　拆下正时皮带中前盖

图 2-2-19　拆下正时皮带张紧器

（7）拆下正时皮带，如图 2-2-20 所示。
（8）拆下正时皮带惰轮，如图 2-2-21 所示。

图 2-2-20　取下正时皮带

图 2-2-21　拆下正时皮带惰轮

（9）拆下曲轴链轮，如图 2-2-22 所示。
（10）拆下凸轮轴位置执行器调节器封闭螺塞，如图 2-2-23 所示。

图 2-2-22 拆下曲轴链轮

图 2-2-23 拆下凸轮轴位置执行器调节器封闭螺塞

（11）拆下进气凸轮轴位置执行器调节器和排气凸轮轴位置执行器调节器，如图 2-2-24 所示。

（12）拆下正时皮带后盖，如图 2-2-25 所示。

图 2-2-24 排气凸轮轴位置执行器调节器

图 2-2-25 拆下正时皮带后盖

（13）分两次松开汽缸盖螺栓，按图 2-2-26 所示顺序松开 10 个汽缸盖螺栓。第一次将 10 个螺栓松开 90°。第二次将 10 个螺栓松开 180°。

（14）拆下汽缸盖，并放在垫块上，如图 2-2-27 所示。

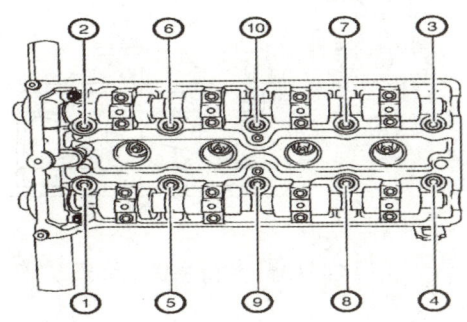
图 2-2-26 分两次松开汽缸盖螺栓

图 2-2-27 拆下汽缸盖

（15）拆下汽缸盖衬垫，如图 2-2-28 所示。

图 2-2-28 拆下汽缸盖衬垫

2. 检修汽缸盖

（1）清洁汽缸盖接触面，目视检查汽缸盖表面是否平坦无损坏，如图 2-2-29 所示。

图 2-2-29 清洁汽缸盖

（2）目视检查汽缸垫是否烧蚀、破损、老化。

（3）目视检查汽缸体表面是否平坦无损坏。

（4）检查汽缸盖的不平度。检查前，使用抹布清洁刀口尺和塞尺。测量时，使用刀口尺和塞尺测量汽缸盖的平面度，如图 2-2-30 所示。测量位置如图 2-2-31 所示。

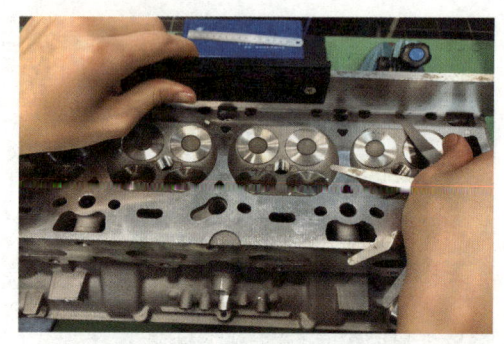

图 2-2-30 检查汽缸盖不平度

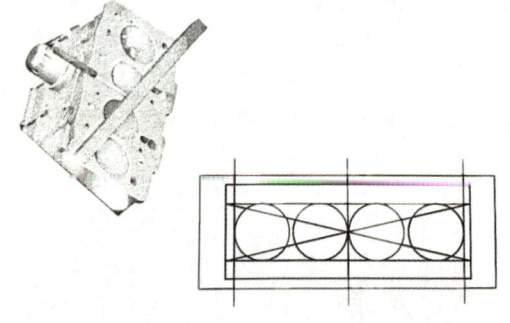

图 2-2-31 汽缸盖测量位置

（5）测量完毕后，清洁被测量表面和测量工具。

3. 检修汽缸体

（1）清洁汽缸体，如图 2-2-32 所示。目视检查螺纹孔是否脏污或堵塞。使用抹布清洁刀口尺和塞尺。检查发动机汽缸体密封表面的长、宽方向上是否有凹陷或不平，沿对角线检查发动机汽缸体是否变形，如图 2-2-33 所示。

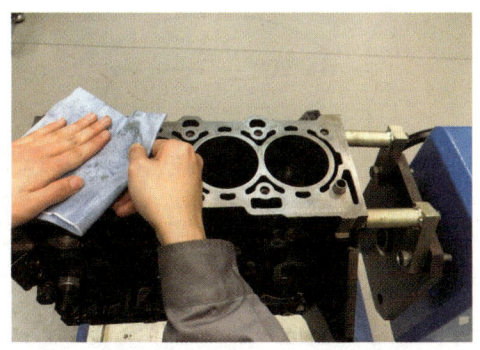
图 2-2-32　清洁汽缸体

图 2-2-33　检查汽缸体

（2）清洁并校零游标卡尺、外径千分尺和量缸表，如图 2-2-34 所示。

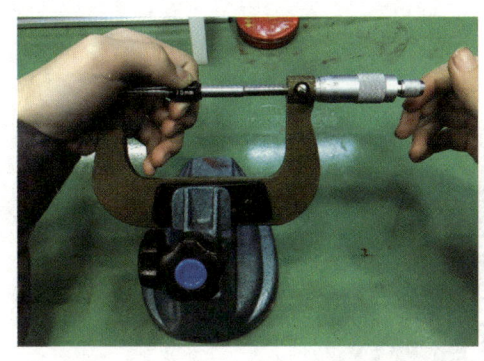
图 2-2-34　清洁校对量具

（3）使用抹布清洁被测汽缸内壁，如图 2-2-35 所示。

（4）使用游标卡尺在纵向和横向位置测量汽缸直径，作为选择量缸表量杆的依据之一，如图 2-2-36 所示。

图 2-2-35　清洁被测汽缸内壁

图 2-2-36　使用游标卡尺测量汽缸直径

（5）使用量缸表检查汽缸直径，如图 2-2-37 所示。检查时应在上、中、下三个位置进行横向（A 向）和纵向（B 向）垂直测量并记录，如图 2-2-38 所示。

图 2-2-37　使用量缸表测量汽缸直径

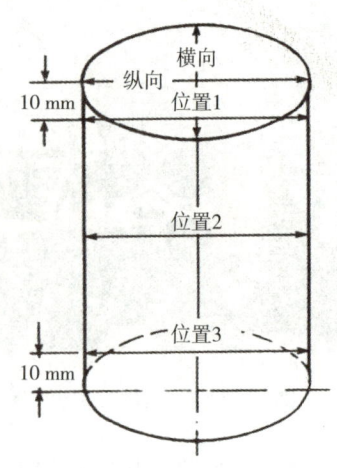

图 2-2-38　汽缸直径测量位置

（6）测量完毕后，清洁被测量部位和测量工具。

4. 安装机体组

（1）安装新的汽缸盖衬垫。

（2）安装汽缸盖。

（3）安装 10 个新的汽缸盖螺栓，如图 2-2-39 所示。

图 2-2-39　安装汽缸盖螺栓

（4）按照如图 2-2-40 所示顺序，根据维修手册的要求，采用角度规将螺栓紧固 5 遍。第一遍紧固至 25 N·m，第二遍紧固至 90°，第三遍紧固至 90°，第四遍紧固至 90°，最后一遍紧固至 45°，如图 2-2-41 所示。

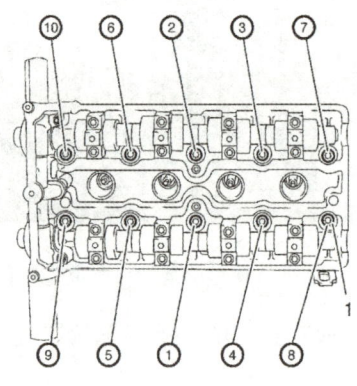

图 2-2-40　汽缸盖螺栓紧固顺序

图 2-2-41　紧固汽缸盖螺栓

（5）安装正时皮带后盖，如图2-2-42所示。

（6）安装进气凸轮轴位置执行器调节器和排气凸轮轴位置执行器调节器，如图2-2-43所示。

图2-2-42 安装正时皮带后盖

图2-2-43 安装进气凸轮轴调节器和排气凸轮轴调节器

（7）安装凸轮轴位置执行器调节器封闭螺塞，如图2-2-44所示。

（8）安装曲轴链轮，如图2-2-45所示。

图2-2-44 安装凸轮轴位置执行器调节器封闭螺塞

图2-2-45 安装曲轴链轮

（9）安装正时皮带惰轮，如图2-2-46所示。

（10）安装正时皮带张紧器，如图2-2-47所示。

图2-2-46 安装正时皮带惰轮

图2-2-47 安装正时皮带张紧器

（11）安装正时皮带，如图2-2-48所示。

（12）安装下部正时皮带盖，如图2-2-49所示。

（13）安装正时皮带中前盖，如图2-2-50所示。

图 2-2-48　安装正时皮带

图 2-2-49　安装下部正时皮带盖

图 2-2-50　安装正时皮带中前盖

（14）安装曲轴扭转减振器，如图 2-2-51 所示。

（15）安装正时皮带上前盖，如图 2-2-52 所示。

图 2-2-51　安装曲轴扭转减振器

图 2-2-52　安装正时皮带上前盖

（16）将一个新衬垫插入汽缸盖罩中。

（17）安装汽缸盖罩，如图 2-2-53 所示。

图 2-2-53　安装汽缸盖罩

（18）整理场地。

三、任务记录表

1. 平面度测量记录表（尺寸单位：mm）

项目	测量值	结果判断及维修建议
汽缸盖平面度		
汽缸体平面度		

2. 汽缸测量记录表（尺寸单位：mm）

测量前准备					
千分尺校准读数：			量缸表测量杆长度：		
汽缸号	位置号	直径A（纵向）	直径B（横向）	圆度误差	圆柱度误差
	上				
	中				
	下				
分析及维修方案：					

提示：圆度误差 =（同一截面最大直径 − 最小直径）/2；

　　　圆柱度误差 =（不同截面最大直径 − 最小直径）/2。

四、任务考核

机体组的拆装与检修评分标准。

序号	作业项目	考核内容	配分	评分标准	扣分	得分
1	前期准备	清理工位及工位布置，清点工具，设备的外观检查	5	未清理工位扣1分，未清点工量具扣1分，未对设备进行外观和安全检查扣3分		
2	零部件拆卸	能否正确按照维修手册的要求进行拆卸并按照规定摆放	15	未按照维修手册进行拆卸工作，每次扣2分		
3	零部件清洁	能否正确按维修手册的要求进行零件的清洁	10	每一个元件未按照维修手册要求进行清洁扣2分		
4	零部件检测	能否正确利用维修资料完成零部件的检测，并分析得出结论和维修建议	20	不能正确利用维修资料完成零部件的检测每项扣5分，测量条件不正确每一次扣5分，结论或维修建议错误每次扣5分		

续表

序号	作业项目	考核内容	配分	评分标准	扣分	得分
5	零部件安装	能否正确按照维修手册的要求进行安装并按照规定进行紧固	20	未按照维修手册进行安装工作（包括紧固角度、扭矩值错误等），每次扣2分		
6	记录表填写	测量值填写是否正确、完整	10	测量值填写错误、不完整，每项扣2分		
7	维修资料使用	能否正确使用维修资料	10	不会使用维修资料扣10分，使用不熟练扣5分		
8	6S现场管理	遵守实训室安全操作规范，正确使用工量具，无人身伤害和设备损坏	10	每单项扣2分，扣完为止。因违规操作发生人身伤害和设备损坏，此项不得分		
		合计	100			

任务三　活塞连杆组的拆装与检修

任务引入

某轿车进厂维修，车主抱怨车辆行驶时发动机有异常撞击声，经初步检查，判断是发动机活塞连杆组出现故障，需进行拆装维修。如果你是该项目的维修技师，那么你知道该如何做吗？

背景知识

活塞连杆组由活塞、活塞环、活塞销、连杆、连杆轴瓦等组成，如图2-3-1所示。

导学视频

图2-3-1　活塞连杆组

一、活塞

活塞的功用是承受气体压力，并通过活塞销和连杆使曲轴旋转。活塞顶部还是燃烧室的组成部分。

在发动机运转过程中，活塞直接与高温气体接触，受热严重，而散热条件很差，所以活塞工作时温度很高，且温度分布很不均匀。活塞顶部承受的气体压力很大，特别在做功行程，这就使得活塞承受冲击和侧压力的作用。另外，活塞在汽缸内还以很高的速度（8~12m/s）做往复运动，且速度不断地变化，这就产生了很大的惯性力，使活塞受到很大的附加载荷。活塞在这种恶劣的条件下工作，会加速磨损、变形，还会产生附加载荷和热应力，同时受到燃气的化学腐蚀作用。因此，活塞一般都由高强度铝合金制成。

活塞可分为三部分，即活塞顶部、活塞头部和活塞裙部，如图 2-3-2 所示。

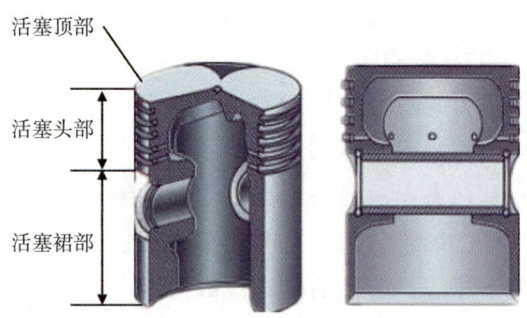

图 2-3-2　活塞

1. 活塞顶部

活塞顶部是燃烧室的组成部分，主要用于承受气体压力，其形状大小与燃烧室的形式有关，都是为了满足可燃混合气的燃烧要求。活塞顶部形状可分为三种：平顶、凸顶和凹顶，如图 2-3-3 所示。

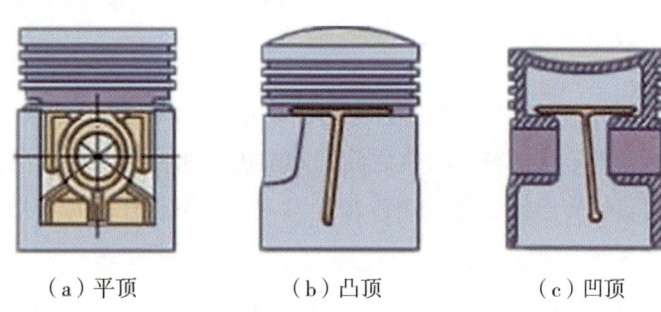

（a）平顶　　　　　　（b）凸顶　　　　　　（c）凹顶

图 2-3-3　活塞顶部形状

（1）平顶活塞

平顶活塞顶部是一个平面，结构简单，制造容易，受热面积小，顶部应力分布较为均匀，如图 2-3-3（a）所示，一般用在汽油机上，柴油机上很少采用。

（2）凸顶活塞

凸顶活塞顶部凸起呈球形，其顶部强度高，起导向作用，有利于改善换气过程，如图 2-3-3（b）所示。二冲程汽油机常采用凸顶活塞。

（3）凹顶活塞

凹顶活塞顶部呈凹陷形，凹坑的形状和位置必须有利于可燃混合气的燃烧，如图 2-3-3（c）所示。柴油机多采用凹顶活塞。

2. 活塞头部

活塞头部指第一道活塞环槽与活塞销孔之间的部分。头部一般有数道环槽，用以安装起密封作用的活塞环。汽油发动机一般有三道环槽，包括两道气环槽和一道油环槽。在油环槽底面上钻有许多径向小孔，以便使油环从汽缸壁上刮下的机油经过这些小孔流回油底壳。第一道环槽工作条件最恶劣，一般应离顶部较远些。活塞顶部吸收的热量主要经过头部通过活塞环传给汽缸壁，再由冷却液传出去。

总之，活塞头部除了可用来安装活塞环外，还能与活塞环一起密封汽缸，防止可燃混合气和废气窜到曲轴箱内，同时还能将 70%~80% 的热量通过活塞环传给汽缸壁。

3. 活塞裙部

活塞裙部是指从油环槽下端面至活塞最下端的部分，包括装活塞销的销座孔。活塞裙部对活塞在汽缸内的往复运动起导向作用，并承受侧压力。

为了使裙部两侧承受气体压力并与汽缸保持较小且安全的间隙，要求活塞在工作时具有正确的圆柱形状。但是，由于活塞裙部的厚度很不均匀，活塞销座孔部分的金属厚，受热膨胀量大，沿活塞销座轴线方向的变形量大于其他方向；另外，裙部受气体侧压力的作用，导致沿活塞销座轴向变形量较垂直活塞销方向大。这样，如果活塞冷态时裙部为圆形，那么工作时就会变成一个椭圆，使活塞与汽缸之间沿圆周的间隙不相等，造成活塞在汽缸内卡住而无法正常工作。因此，在加工时预先把活塞裙部做成了椭圆形状，沿销座方向为短轴，与销座垂直方向为长轴，这样才能保证活塞在工作时趋近正圆。

活塞沿高度方向的温度很不均匀，上部高、下部低、膨胀量也相应是上部大、下部小。为了使工作时活塞上下直径趋于相等，即为圆柱形，就必须预先把活塞制成上下不等的阶梯形、锥形或上小中大的桶形。目前最好的形状是桶形，它可以保持活塞在任何状态下都能得到良好的润滑。

二、活塞环

活塞环是具有弹性的开口环，有气环和油环之分，如图 2-3-4 所示，气环的作用是密封汽缸与活塞间的间隙，防止高温燃气直接从活塞与汽缸之间的间隙进入曲轴箱，从而保证燃烧室的密封性；气环还能把活塞顶部吸收的热量传给汽缸壁，由冷却液带走，起散热作用。一般发动机每个活塞有 2~3 道气环。

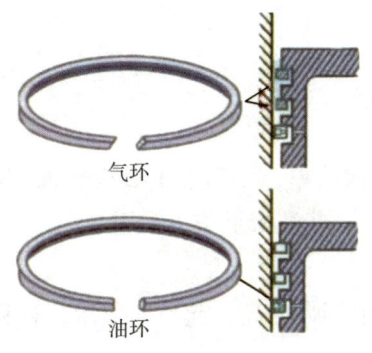

图 2-3-4　活塞环

油环起刮油和布油作用。活塞下行时油环刮除汽缸壁上多余的机油，可以防止机油窜入汽缸造成烧机油；活塞上行时油环在汽缸壁上铺涂一层均匀的油膜，可以减小活塞、活塞环与汽缸壁间的摩擦阻力。此外，油环还能起到封气的辅助作用。一般发动机每个活塞有 1~2 道油环。

活塞环在高温、高压、高速和润滑极其困难的条件下工作，尤其是第一道环的工作条件最为恶劣，因此，活塞环一直是发动机上使用寿命最短的零件。

1. 气环

气环开有切口，具有弹性，在自由状态下其外径大于汽缸直径，与活塞一起装入汽缸后，外表面紧贴在汽缸壁上，形成密封面，保证活塞与汽缸壁间的密封，如图 2-3-5 所示。

提示：气环密封效果一般与气环数量有关，汽油机一般采用 2 道气环，柴油机一般采用 3 道气环。

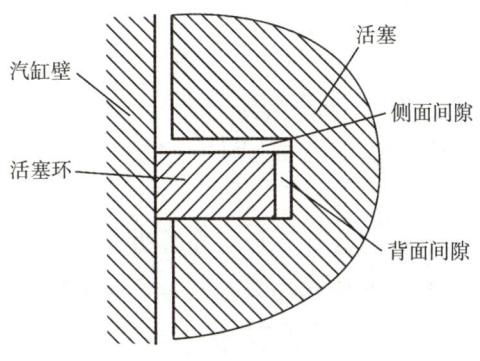

图 2-3-5　气环

气环的断面形状很多，最常见的有矩形环、锥面环、扭曲环、梯形环和桶面环，如图 2-3-6 所示。

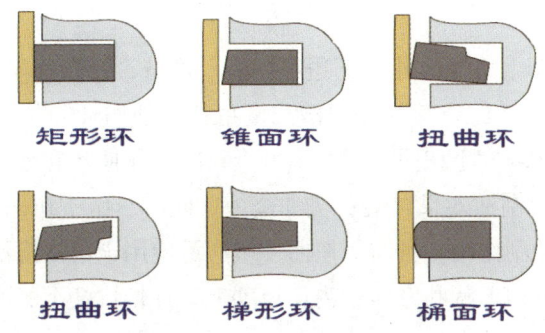

图 2-3-6　气环断面形状

（1）矩形环

矩形环的断面为矩形，其结构简单，制造方便，易于生产，应用最广。但是矩形环随活塞往复运动时，会把汽缸壁面上的机油不断送入汽缸中。这种现象称为"气环的泵油作用"，如图 2-3-7 所示。

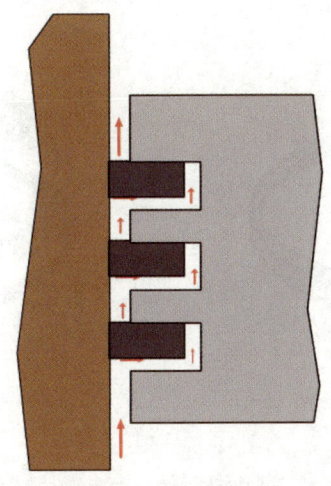

图 2-3-7　气环的泵油作用

（2）锥面环

锥面环断面呈锥形，外圆工作面上加工一个很小的锥面（0.5°~1.5°），减小了环与汽缸壁的接触面，提高了表面接触压力，有利于磨合和密封。活塞下行时，便于刮油；活塞上行时，由于锥面的"油楔"作用，能在油膜上"飘浮"过去，减小磨损。

注意：安装时，不能装反，否则会引起机油上窜。

（3）梯形环

梯形环断面呈梯形。工作时，梯形环在压缩行程和做功行程随着活塞受侧压力的方向不同而不断地改变位置，这样会把沉积在环槽中的积碳挤出去，避免了环被黏在环槽中而折断。可以延长环的使用寿命。但是其主要缺点是加工困难，精度要求高。

（4）桶面环

桶面环的外圆为凸圆弧形，是近年来兴起的一种新型结构。当桶面环上下运动时，均能与汽缸壁形成楔形空间，使机油容易进入摩擦面，减小磨损。由于它与汽缸呈圆弧接触，故对汽缸表面的适应性和对活塞偏摆的适应性均较好，有利于密封，但凸圆弧表面加工较困难。

（5）扭曲环

扭曲环是在矩形环的内圆上边缘或外圆下边缘切去一部分，使断面呈不对称形状。在环的内圆部分切槽或倒角的称内切环，在环的外圆部分切槽或倒角的称外切环。装入汽缸后，由于断面不对称，产生不平衡力的作用，使活塞环发生扭曲变形。活塞上行时，扭曲环在残余油膜上浮，可以减小摩擦，减小磨损。活塞下行时，则有刮油效果，避免机油烧掉。同时，由于扭曲环在环槽中上、下跳动的行程缩短，可以减轻"泵油"的副作用。目前，扭曲环被广泛应用于第2道活塞环槽上。

注意：安装时必须注意断面形状和方向，内切口朝上，外切口朝下，不能装反。

2. 油环

油环的主要作用是刮除飞溅到汽缸壁上的多余的机油，并在汽缸壁上涂布一层均匀的油膜。油环有普通油环和组合油环两种。

（1）普通油环

普通油环又叫整体式油环，如图2-3-8所示。环的外圆柱面中间加工有凹槽，槽中钻有小孔或开切槽。有些普通油环还在其外侧上边制有倒角，使环在随活塞上行时形成油楔，可起均布润滑的作用，且下行刮油能力强，减少了润滑油的上窜。

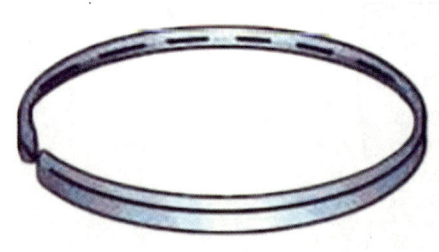

图2-3-8　普通油环

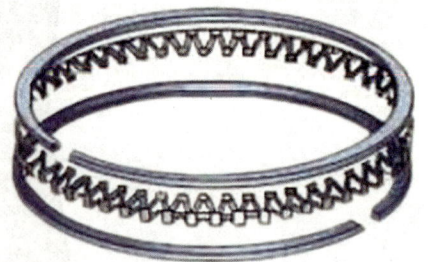

图2-3-9　组合油环

（2）组合油环

组合油环由上下刮油片和产生径向、轴向弹力的衬簧组成，如图2-3-9所示。组合油环具有对缸壁接触压力高且均匀、刮油能力强、密封性好等优点，组合式油环的刮油过程如图2-3-10所示，其主要缺点是制造成本高，近年来汽车发动机上越来越多地采用组合油环。

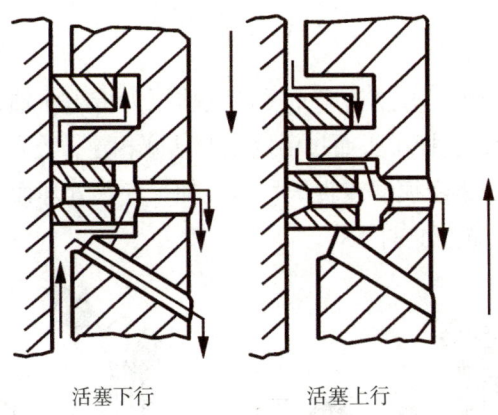

图 2-3-10 组合式油环的刮油过程

三、活塞销

活塞销的作用是连接活塞和连杆小头，并把活塞承受的气体压力传给连杆活塞销，在高温下周期地承受很大的冲击载荷，其本身又做摆转运动，而且在润滑条件很差的情况下工作，因此，要求活塞销具有足够的强度和刚度，表面韧性好、耐磨性好，质量轻。

活塞销与活塞销座孔及连杆小头衬套孔的连接配合有两种方式，即全浮式和半浮式，如图 2-3-11 所示。

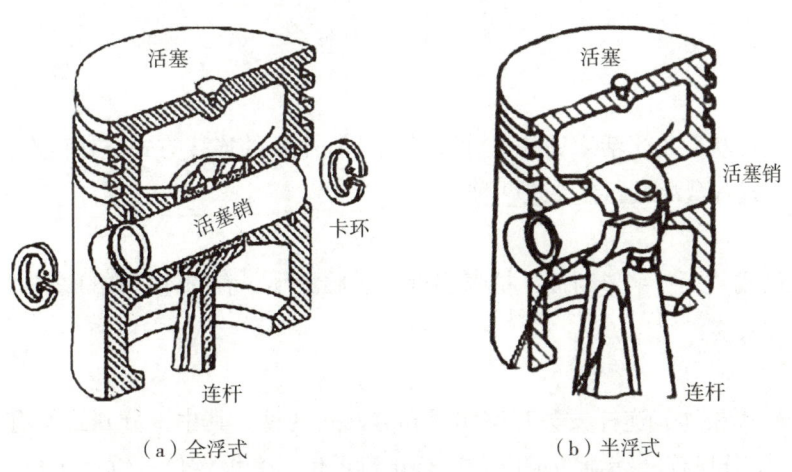

图 2-3-11 活塞销与活塞销座孔的配合方式

1. 全浮式

如图 2-3-11（a）所示，活塞销、连杆小头和活塞销座都能相对运动，活塞销能在连杆小头和活塞销座中自由摆动。同时在活塞销两端装有挡圈，进行轴向定位，防止全浮式活塞销轴向窜动刮伤汽缸壁。

2. 半浮式

如图 2-3-11（b）所示，活塞销中部与连杆小头采用紧固螺栓连接，活塞销只能在两端销座内做自由摆动，而和连杆小头没有相对运动。活塞销不会轴向窜动，无须锁片。

四、连杆

连杆的作用是连接活塞与曲轴，并把活塞承受的气体压力传给曲轴，使活塞的往复运动变成曲轴的旋转运动。如图2-3-12所示，连杆小头通过活塞销与活塞相连，连杆大头与曲轴的连杆轴颈相连。

连杆一般采用中碳钢或合金钢经模锻或辊锻后再经加工和热处理而成。连杆分为三个部分，即连杆小头、连杆杆身和连杆大头（包括连杆盖）。

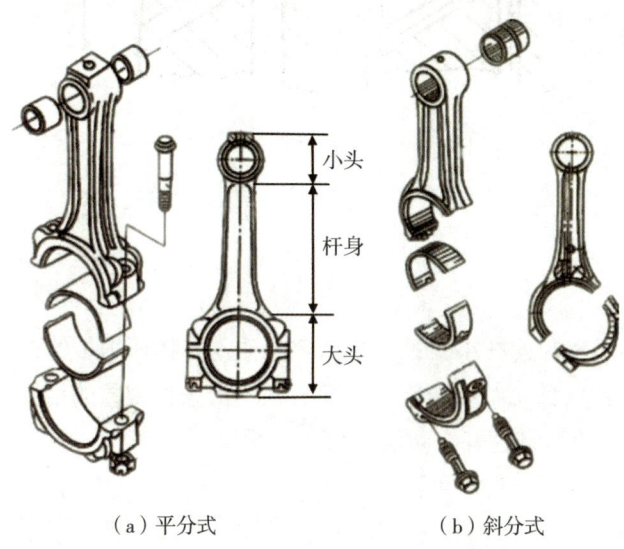

(a) 平分式　　　　(b) 斜分式

图2-3-12　连杆

1. 连杆小头

连杆小头的结构形状取决于活塞销的尺寸及其与连杆小头的连接方式。在汽车发动机中，连杆小头与活塞销的连接方式有全浮式和半浮式两种。

2. 连杆杆身

连杆杆身通常做成"工"字形断面，抗弯强度好，质量小。有的连杆在杆身内加工有油道，用来润滑小头衬套和冷却活塞。

3. 连杆大头

与曲轴的连杆轴颈相连，连杆大头有整体式和分开式两种。其中，分开式又有平分和斜分两种，如图2-3-12所示。斜分口连杆端盖的定位方法有止口定位、套筒定位、锯齿定位。其中锯齿定位应用最广泛。

五、连杆轴瓦

为了减小摩擦阻力和曲轴连杆轴颈的磨损，连杆大头孔内装有瓦片式滑动轴承，简称连杆轴瓦。如图2-3-13所示，轴瓦由上、下两个半片组成，目前多采用薄壁钢背轴瓦，在其内表面浇铸有耐磨合金层，背面有很高的光洁度。耐磨合金层具有质软、容易保持油膜、磨合性好、摩擦阻力小，以及

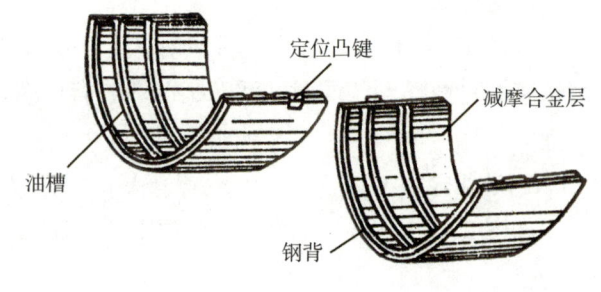

图2-3-13　连杆轴瓦

不易磨损等特点。

任务实施

一、前期准备

安全防护：实训着装、完成设备防护及场地隔离。
工具设备：手电筒、防护用品、拆装工具套装、测量工具等。
实训设备：某轿车 LDE 发动机台架。
辅助资料：维修手册、教材。

二、操作项目

1. 拆卸活塞连杆组

（1）在活塞上做标记，如图 2-3-14 所示。
（2）取下连杆轴承盖，如图 2-3-15 所示。

图 2-3-14　活塞上做标记

图 2-3-15　取下连杆轴承盖

（3）使用橡胶锤手柄将活塞从汽缸中推出，如图 2-3-16 所示。
（4）按顺序排好活塞及连杆轴承盖，如图 2-3-17 所示。

图 2-3-16　取下活塞

图 2-3-17　按顺序排好活塞及连杆轴承盖

（5）佩戴护目镜，如图 2-3-18 所示。

图 2-3-18　佩戴护目镜

（6）用活塞环钳拆下活塞环，如图 2-3-19 所示。

（7）取下组合油环，如图 2-3-20 所示。

　　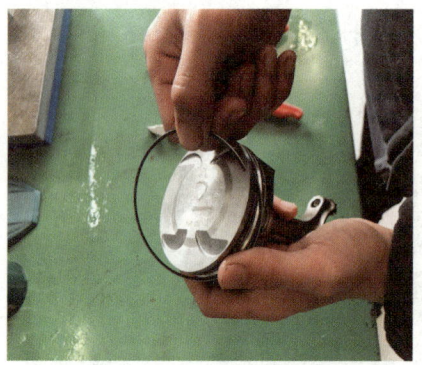

图 2-3-19　用活塞环钳拆下活塞环　　　　　图 2-3-20　取下组合油环

（8）从活塞销孔拆下锁片，如图 2-3-21 所示。

（9）将活塞销从活塞挤压出，如图 2-3-22 所示。

图 2-3-21　从活塞销孔拆下锁片　　　　　图 2-3-22　将活塞销从活塞挤压出

（10）取下连杆，如图 2-3-23 所示。

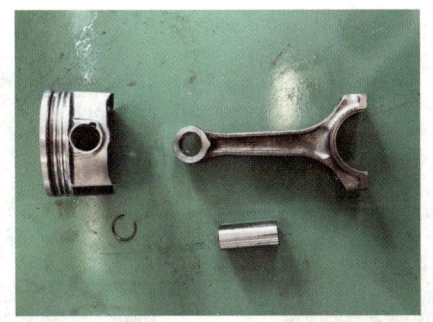

图 2-3-23　取下连杆

2. 检修活塞连杆组

（1）目视检查连杆、活塞、连杆轴承状况，如图 2-3-24 所示。

图 2-3-24　目视检查活塞连杆组

（2）测量活塞裙部直径。首先清洁并校零千分尺和游标卡尺。然后使用游标卡尺和记号笔在活塞下缘离裙边约 10mm 处做标记，如图 2-3-25 所示。再使用千分尺对照标记测量活塞裙部直径并记录，如图 2-3-26 所示。使用千分尺前需校零，同时注意测量部位还需与活塞销保持垂直。

图 2-3-25　标记测量位置

图 2-3-26　测量活塞裙部直径

（3）测量活塞环侧隙。用废弃的活塞环清洁环槽，清洁塞尺。再将活塞环放入相应的活塞环槽内，使用塞尺测量活塞环侧隙并记录，如图 2-3-27 所示。测量一道环侧隙需按圆周方向至少测量三个位置。

（4）测量活塞环端隙。清洁汽缸内壁，清洁塞尺。再使用活塞将活塞环从汽缸体上端压入汽缸至距汽缸边缘约 15mm 处，如图 2-3-28 所示。注意活塞环 "top" 标记朝上。最后使用塞尺测量活塞环端隙。

图 2-3-27　测量活塞环侧隙

图 2-3-28　测量活塞环端隙

（5）测量完毕后，清洁被测量部位和测量工具。

3. 安装活塞连杆组

（1）安装活塞销，如图 2-3-29 所示。

（2）安装活塞销锁片，如图 2-3-30 所示。

图 2-3-29　安装活塞销

图 2-3-30　安装活塞销锁片

（3）安装组合油环，如图 2-3-31 所示。

（4）用活塞环钳安装气环，如图 2-3-32 所示。

图 2-3-31　安装组合油环

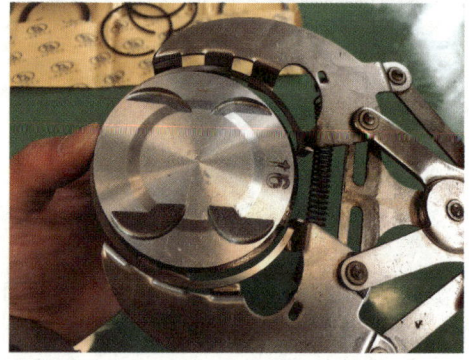

图 2-3-32　安装气环

（5）调整活塞环端口方向至规定要求，如图 2-3-33 所示。

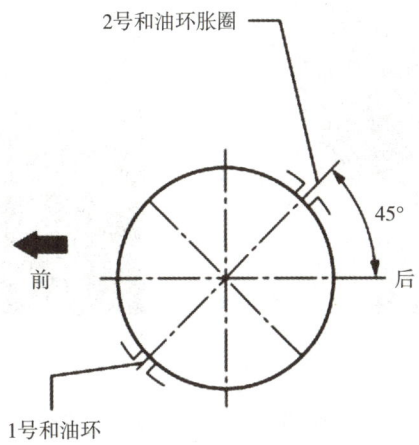

图 2-3-33　活塞环端口布置要求

（6）使用润滑油润滑汽缸内壁和连杆轴承内表面并涂抹均匀，如图 2-3-34、图 2-3-35 所示。

图 2-3-34　润滑汽缸内壁

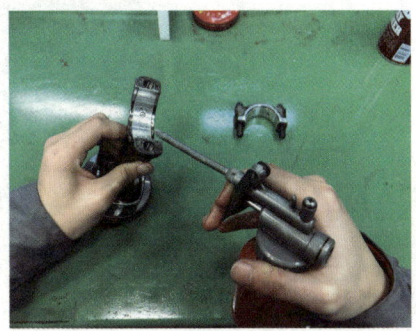

图 2-3-35　润滑连杆轴承内表面

（7）将已装有活塞环的活塞连杆组装入活塞抱箍，并拧紧活塞抱箍至没有间隙，如图 2-3-36 所示。

（8）确认即将安装的活塞连杆组的标记，并在后续安装活塞连杆组的过程中严格按照标记进行安装，如图 2-3-37 所示。

图 2-3-36　抱紧活塞连杆组

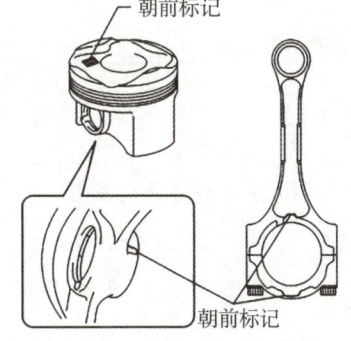

图 2-3-37　活塞连杆组标记

（9）转动曲轴至下止点，将已被活塞抱箍抱紧的活塞连杆组装入对应的汽缸，使用橡胶锤手柄将活塞压入汽缸，如图 2-3-38 所示。

（10）安装连杆轴承盖，如图 2-3-39 所示。

图 2-3-38　将活塞压入汽缸

图 2-3-39　安装连杆轴承盖

（11）根据维修手册要求，分三遍拧紧连杆轴承盖螺栓。第一遍紧固至 35 N·m，第二遍紧固至 45°，第三遍紧固至 15°，如图 2-3-40 所示。

图 2-3-40　拧紧连杆轴承盖螺栓

（12）整理场地。

三、任务记录表

测量记录表（尺寸单位：mm）

项目	测量值	结果判断及维修建议
活塞直径		
活塞环侧隙		
活塞环端隙		

四、任务考核

活塞连杆组的拆装与检修评分标准。

序号	作业项目	考核内容	配分	评分标准	扣分	得分
1	前期准备	清理工位及工位布置，清点工量具，设备的外观检查	5	未清理工位扣 1 分，未清点工量具扣 1 分，未对设备进行外观和安全检查扣 3 分		
2	零部件拆卸	能否正确按照维修手册的要求进行拆卸并按照规定摆放	15	未按照维修手册进行拆卸工作，每次扣 2 分		
3	零部件清洁	能否正确按照维修手册的要求进行零件的清洁	10	每一个元件未按照维修手册要求进行清洁扣 2 分		

续表

序号	作业项目	考核内容	配分	评分标准	扣分	得分
4	零部件检测	能否正确利用维修资料完成零部件的检测,并分析得出结论和维修建议	20	不能正确利用维修资料完成零部件的检测每项扣5分,测量条件不正确每一次扣5分,结论或维修建议错误每次扣5分		
5	零部件安装	能否正确按照维修手册的要求进行安装并按照规定进行紧固	20	未按维修手册进行安装工作(包括紧固角度、扭矩值错误等),每次扣2分		
6	记录表填写	测量值填写是否正确、完整	10	测量值填写错误、不完整,每项扣2分		
7	维修资料使用	能否正确使用维修资料	10	不会使用维修资料扣10分,使用不熟练扣5分		
8	6S现场管理	遵守实训室安全操作规范,正确使用工量具,无人身伤害和设备损坏	10	每单项扣2分,扣完为止。因违规操作发生人身伤害和设备损坏,此项不得分		
		合计	100			

任务四　曲轴飞轮组的拆装与检修

导学视频

任务引入

某轿车发动机转速突然变化时会发出沉闷连续的"镗""镗"的金属敲击声,经初步检查,判断是发动机曲轴飞轮组出现故障,需进行拆装维修。如果你是该项目的维修技师,那么知道如何操作吗?

背景知识

曲轴飞轮组主要由曲轴、飞轮、扭转减振器等组成。

一、曲轴

曲轴的作用是把连杆传来的气体压力转变为转矩对外输出,将作用在活塞上的气体压力变为旋转的动力,传给底盘的传动机构,同时驱动配气机构和其他辅助装置,如风扇、水泵、发电机等运转。

1. 曲轴的构造

曲轴可分为整体式曲轴和组合式曲轴两大类。整体式曲轴是将曲轴做成一个整体零件,它具有较高的强度和刚度,结构紧凑、质量轻;组合式曲轴是将曲轴分成若干个零件分别进行加工,然后组装在一起,构成完整的曲轴,它具有加工方便等优点,其缺点是强度、刚度较差,装配复杂。多缸发动机曲轴一般都是整体式的,但对于主轴承采用滚动轴承或某些小型汽油机连杆大头为整体式时,则曲轴必须采用组合式。

曲轴一般由主轴颈、连杆轴颈、止推面、轴头端和法兰端等组成,如图2-4-1所示。

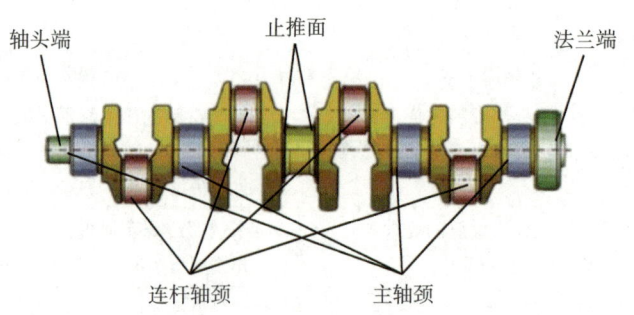

图 2-4-1 曲轴

曲轴基本上由若干个单元曲拐构成，一个曲柄销（连杆轴颈）、左右两个曲柄臂和前后两个主轴颈组成一个单元曲拐。直列式发动机曲轴的曲拐数等于汽缸数，V形发动机曲轴的曲拐数等于汽缸数的一半。

（1）主轴颈

主轴颈是曲轴的支承部分，曲轴通过主轴承支承在曲轴箱的主轴承座中。主轴颈的数目不仅与发动机汽缸数有关，还取决于曲轴的支承方式。曲轴的支承方式一般有两种，即全支承曲轴和非全支承曲轴，如图 2-4-2 所示。

（a）全支承曲轴　　　　　　　　（b）非全支承曲轴

图 2-4-2 曲轴的支承方式

如图 2-4-2（a）所示，全支承曲轴的特点是，曲轴的主轴颈数比汽缸数多一个，即每一个连杆轴颈两边都有个主轴颈。四缸发动机全支承曲轴有五个主轴颈。在这种支承情况下，曲轴的强度和刚度都比较好，并且减轻了主轴承载荷，减小了磨损。

如图 2-4-2（b）所示，非全支承曲轴的特点是曲轴的主轴颈数比汽缸数少或与汽缸数相等。这种支承的主轴承载荷较大，但缩短了曲轴的总长度，使发动机的总体长度有所减小。有些承受载荷较小的汽油机，可以采用这种曲轴形式。

（2）连杆轴颈

曲轴的连杆轴颈是曲轴与连杆的连接部分，通过曲柄与主轴颈相连，在连接处用圆弧过渡，以减少应力集中。直列发动机的连杆轴颈数与汽缸数相等，V形发动机的连杆轴颈数等于汽缸数的一半。

（3）曲柄

曲柄是主轴颈和连杆轴颈的连接部分，断面为椭圆形。为了平衡惯性力，曲柄处铸有（或紧固有）平衡重块。平衡重块用来平衡发动机不平衡的离心力矩，有时还用来平衡一部分往复惯性力，从而使曲轴旋转平稳。

2. 曲拐布置与发动机工作顺序

曲轴的形状和各曲拐的相对位置取决于汽缸数、汽缸排列方式和各缸工作顺序。下面以四冲程发动机为例。

（1）四冲程直列四缸发动机的曲拐布置

四冲程直列四缸发动机的曲拐布置，如图 2-4-3 所示。

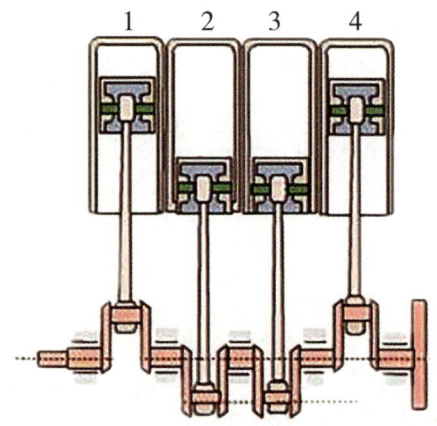

图 2-4-3 四冲程直列四缸发动机的曲拐布置

四缸四冲程发动机的点火间隔角为 720°/4＝180°。四缸发动机 4 个曲拐布置在同一平面内。发火顺序的排列有两种可能，即 1—3—4—2 或 1—2—4—3。两种工作顺序的发动机工作循环表分别见表 2-4-1 和表 2-4-2。

表 2-4-1　发火顺序 1—3—4—2 工作循环表

曲轴转角（°）	第一缸	第二缸	第三缸	第四缸
0~180°	做功	排气	压缩	进气
180°~360°	排气	进气	做功	压缩
360°~540°	进气	压缩	排气	做功
540°~720°	压缩	做功	进气	排气

表 2-4-2　发火顺序 1—2—4—3 工作循环表

曲轴转角（°）	第一缸	第二缸	第三缸	第四缸
0~180°	做功	压缩	排气	进气
180°~360°	排气	做功	进气	压缩
360°~540°	进气	排气	压缩	做功
540°~720°	压缩	进气	做功	排气

（2）四冲程直列六缸发动机的曲拐布置

四冲程直列六缸发动机的曲拐布置如图 2-4-4 所示。

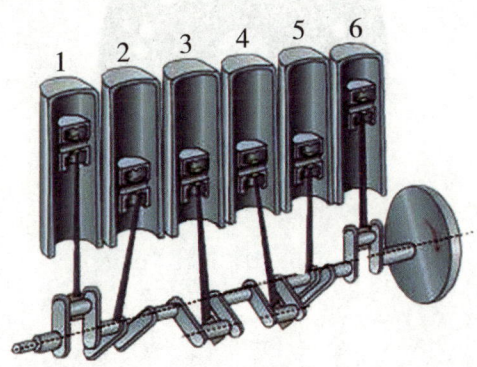

图 2-4-4　四冲程直列六缸发动机的曲拐布置

四冲程直列六缸发动机点火间隔角为 720°/6=120°，6 个曲拐分别布置在三个平面内，一种发火顺序是 1—5—3—6—2—4，见表 2-4-3，另一种发火顺序是 1—4—2—6—3—5。

表 2-4-3 发火顺序 1—5—3—6—2—4 工作循环表

曲轴转角（°）		第一缸	第二缸	第三缸	第四缸	第五缸	第六缸
0~180°	60°	做功	排气	进气	做功	压缩	进气
	120°						
	180°			压缩	排气	做功	
180°~360°	240°	排气	进气				压缩
	300°						
	360°			做功	进气	排气	
360°~540°	420°	进气	压缩				做功
	480°						
	540°			排气	压缩	进气	
540°~720°	600°	压缩	做功				排气
	660°			进气	做功	压缩	
	720°		排气				

二、曲轴扭转减振器

曲轴是一种扭转弹性系统，本身具有一定的自振频率。在发动机工作过程中，经连杆传给曲柄的作用力的大小和方向都是周期性地变化的，这种周期性变化的激力作用在曲轴上，引起曲拐回转的瞬时角速度也呈周期性变化。由于固装在曲轴上的飞轮转动惯量大，其瞬时角速度基本上可看作是均匀的。这样，曲拐便会忽而比飞轮转得快，忽而又比飞轮转很慢，形成相对于飞轮的扭转摆动，也就是曲轴的扭转振动，当激力频率与曲轴自振频率成整数倍时，曲轴扭转振动便因共振而加剧。这将使发动机功率受到损失，定时齿轮或链条磨损增加，严重时甚至将曲轴扭断。为了消减曲轴的扭转振动，有的发动机在曲轴前端装有扭转减振器，如图 2-4-5 所示。

汽车发动机常用的曲轴扭转减振器是摩擦式减振器，其工作原理是使曲轴扭转振动能量逐渐消耗于内部的摩擦，从而使振幅逐渐减小。

图 2-4-5 曲轴扭转减振器

三、飞轮

飞轮的主要作用是储存做功行程的能量，以克服各行程的阻力，使曲轴能均匀地旋转并使发动机能克服短期的超负荷，同时把发动机的动力传给离合器，如图 2-4-6 所示。飞轮外缘的齿圈与起动电动机的驱动齿轮啮合，用来带动起动发动机；离合器也装在飞轮上，利用飞轮后端面作为驱动件的摩擦面，对外传递动力。

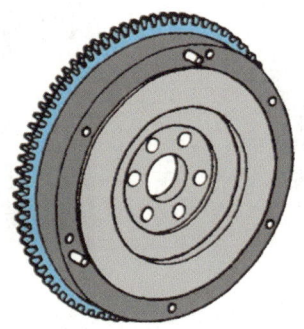

图 2-4-6　飞轮

飞轮轮缘上通常刻有第一缸点火正时记号，用来找压缩上止点（四缸发动机为1缸或4缸压缩上止点，六缸发动机为1缸或6缸压缩上止点）。当飞轮上的记号与外壳上的记号对正时，正好是压缩上止点。

任务实施

一、前期准备

安全防护：实训着装、完成设备防护及场地隔离。
工具设备：手电筒、防护用品、拆装工具套装、测量工具等。
实训设备：某轿车LDE发动机台架。
辅助资料：维修手册、教材。

二、操作项目

1. 拆卸曲轴飞轮组

（1）对角分2~3次拧下飞轮上的6个固定螺栓，取下飞轮，如图2-4-7所示。

（2）拆下曲轴后油封凸缘，如图2-4-8所示。

图 2-4-7　取下飞轮

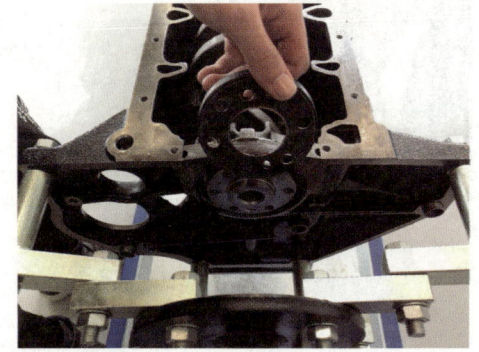

图 2-4-8　拆下曲轴后油封凸缘

（3）拆下曲轴主轴承盖螺栓，如图2-4-9所示。

（4）取下曲轴轴承盖，如图2-4-10所示。

图 2-4-9　拆下曲轴主轴承盖螺栓

图 2-4-10　取下轴承盖

（5）取下曲轴，如图 2-4-11 所示。
（6）将曲轴放置飞轮上，如图 2-4-11 所示。

图 2-4-11　取下曲轴

（7）取下曲轴主轴颈轴瓦，如图 2-4-12 所示。

图 2-4-12　取下曲轴主轴颈轴瓦

2. 检修曲轴飞轮组

（1）清洁被测部位和量具，检查曲轴轴向间隙，如图 2-4-13 所示。

图 2-4-13　检查曲轴轴向间隙

（2）目视检查曲轴主轴承、曲轴、曲轴主轴承盖及汽缸体上曲轴主轴承盖螺栓孔状况。

（3）检查曲轴不圆度。首先，将曲轴装入发动机汽缸体中；然后安装量表，连接到发动机汽缸体上的托架上；接着将千分表吸盘紧靠曲轴轴颈放置并进行调整；最后平稳地转动曲轴，如图 2-4-14 所示。

（4）检查曲轴轴承间隙。先布置塑料线间隙规；再安装曲轴轴承盖，分三遍拧紧 2 个曲轴轴承盖螺栓；最后拆下 2 个凸轮轴轴承盖螺栓。测量曲轴轴承间隙，将扁平的塑料线（箭头）的宽度与量尺对比，如图 2-4-15 所示。

图 2-4-14　检查曲轴不圆度

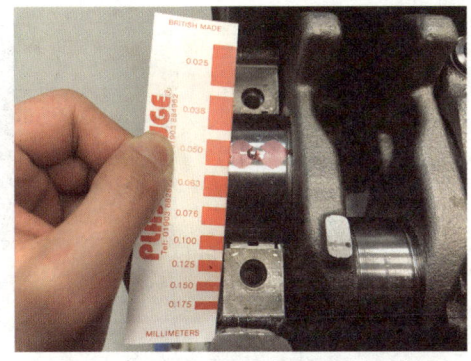

图 2-4-15　检查曲轴轴承间隙

（5）检查曲轴主轴颈。先清洁并校零千分尺，如图 2-4-16 所示；再清洁曲轴，测量曲轴主轴颈，如图 2-4-17 所示。

图 2-4-16　清洁并校零千分尺

图 2-4-17　测量曲轴主轴颈

（6）测量完毕后，清洁被测量部位和测量工具。

3. 安装曲轴飞轮组

（1）安装曲轴主轴颈轴瓦，如图 2-4-18 所示。

（2）用润滑油润滑曲轴主轴颈轴瓦和曲轴主轴颈并涂抹均匀，如图 2-4-19 所示。

图 2-4-18　安装曲轴主轴颈轴瓦

图 2-4-19　润滑曲轴主轴颈轴瓦

（3）将曲轴放入汽缸体中，如图 2-4-20 所示。

图 2-4-20　将曲轴放入汽缸体中

（4）安装曲轴主轴颈轴承盖，如图 2-4-21 所示。

图 2-4-21　安装轴承盖

（5）安装曲轴后油封凸缘，如图 2-4-22 所示。

（6）安装飞轮，如图 2-4-23 所示。

图 2-4-22　安装曲轴后油封凸缘　　　　　图 2-4-23　安装飞轮

（7）根据维修手册要求，分三遍拧紧曲轴轴承盖螺栓。第一遍紧固至 50 N·m，第二遍紧固至 45°，第三遍紧固至 15°，如图 2-4-24 所示。

图 2-4-24　紧固曲轴轴承盖螺栓

（8）整理场地。

三、任务记录表

测量记录表如下。

项目	测量值	结果判断及维修建议
曲轴轴向间隙		
曲轴不圆度		
曲轴轴承间隙		
曲轴主轴颈		

提示：曲轴最大允许的旋转间隙为 0.03mm；

　　　曲轴轴承间隙为 0.005~0.059mm。

四、任务考核

曲轴飞轮组的拆装与检修评分标准。

序号	作业项目	考核内容	配分	评分标准	扣分	得分
1	前期准备	清理工位及工位布置，清点工量具，设备的外观检查	5	未清理工位扣1分，未清点工量具扣1分，未对设备进行外观和安全检查扣3分		

续表

序号	作业项目	考核内容	配分	评分标准	扣分	得分
2	零部件拆卸	能否正确按照维修手册的要求进行拆卸并按照规定摆放	15	未按照维修手册进行拆卸工作,每次扣2分		
3	零部件清洁	能否正确按照维修手册的要求进行零件的清洁	10	每一个元件未按照维修手册要求进行清洁扣2分		
4	零部件检测	能否正确利用维修资料完成零部件的检测,并分析得出结论和维修建议	20	不能正确利用维修资料完成零部件的检测每项扣5分,测量条件不正确每一次扣5分,结论或维修建议错误每次扣5分		
5	零部件安装	能否正确按照维修手册的要求进行安装并按照规定进行紧固	20	未按照维修手册进行安装工作(包括紧固角度、扭矩值错误等),每次扣2分		
6	记录表填写	测量值填写是否正确、完整	10	测量值填写错误、不完整,每项扣2分		
7	维修资料使用	能否正确使用维修资料	10	不会使用维修资料扣10分,使用不熟练扣5分		
8	6S现场管理	遵守实训室安全操作规范,正确使用工量具,无人身伤害和设备损坏	10	每单项扣2分,扣完为止。因违规操作发生人身伤害和设备损坏,此项不得分		
	合计		100			

项目测评

一、填空题

1. 发动机机体组主要由 _____、_____、_____、_____ 和 _____ 等组成。
2. 活塞连杆组主要由 _____、_____、_____ 和 _____ 等组成。
3. 气环的作用是 _____ 和 _____。
4. 油环的作用是 _____ 和 _____。
5. 活塞销与销座及连杆小头的配合有 _____ 和 _____ 两种形式。
6. 曲轴飞轮组主要由 _____、_____、_____ 和 _____ 等组成。
7. 四缸四冲程发动机的做功顺序一般是 _____ 或 _____。
8. 六缸四冲程发动机的做功顺序一般是 _____ 或 _____。

二、单项选择题

1. 曲轴飞轮组主要由（ ）等组成。
   A. 曲轴　　　　B. 飞轮　　　　　C. 正时齿轮　　　　D. 曲轴带轮
2. 汽油机燃烧室主要在（ ）。
   A. 汽缸盖　　　B. 汽缸体上　　　C. 活塞顶部　　　　D. 前三者都有
3. 汽缸垫的作用（ ）。
   A. 保证汽缸盖与汽缸体接触面的密封,防止漏气,漏水和漏油。
   B. 调整汽缸盖与汽缸体间隙
   C. 固定汽缸体与汽缸盖

D．缓和汽缸体与汽缸盖之间的冲击

4．活塞第 2 道环是（　　）。

A．气环　　　　B．油环　　　　C．组合环

5．汽缸磨损测量的量具一般为（　　）。

A．量缸表　　　B．百分表　　　C．刀口尺　　　D．千分尺

6．连杆杆身端面的形状为（　　）。

A．工字形　　　B．凹字形　　　C．矩形　　　　D．圆形

三、判断题（对的画"√"，错的画"×"）

1．活塞环的主要功用是刮油和布油。（　　）

2．在安装汽缸体时，螺栓的拧紧顺序与拆装的顺序相反。（　　）

3．活塞环的泵油作用，可以加强对汽缸上部的润滑，因此是有益的。（　　）

4．活塞与缸壁间隙过小或活塞膨胀系数过大易引起活塞敲缸响故障。（　　）

5．各种形式曲轴的曲拐数都与汽缸数相同。（　　）

6．有横向裂纹的曲轴，不能继续使用。（　　）

四、简答题

1．曲柄连杆机构的功用是什么？

2．什么是干式汽缸套、湿式汽缸套？各有什么样的特点？

3．活塞环的开口端隙、侧隙有什么作用？如何检测？

4．简述活塞连杆组的拆装流程。

5．简述曲轴飞轮组的拆装过程。

项目三　配气机构的构造与拆装

学习目标

知识目标：
- 掌握配气机构的作用、组成和主要结构。
- 熟悉气门组的组成、作用和基本工作原理。
- 熟悉气门传动组的组成、作用和基本工作原理。

技能目标：
- 能够在台架上快速准确地找到配气机构各部件的位置。
- 能够选择和使用正确的拆装工具拆装配气机构各组件。
- 能够根据维修手册正确对配气机构各组件进行检修。

职业素养目标：
- 严谨的科学态度和精益求精的学习作风。
- 及时反思总结，在训练中积累经验。
- 养成良好的团队合作能力。
- 严格执行6S现场管理（SEIRI——整理、SEITON——整顿、SEISO——清扫、SEIKETSU——清洁、SHITSUKE——素养、SECURITY——安全），养成良好的职业习惯。

任务一　认知配气机构

任务引入

某轿车起动困难，排气管放炮、冒烟、燃油消耗增加，经初步检查，判断是发动机配气机构出现故障，需进行拆卸维修。如果你是该项目的维修技师，那么你知道配气机构的构造吗？

背景知识

一、配气机构的功用

配气机构是控制发动机进气和排气的装置。其功用是根据发动机的工作顺序和各缸工作循环的要求，定时开启和关闭进排气门使可燃混合气（汽油机）或新鲜空气（柴油机）准时进入汽缸，废气得以及时排出汽缸。

进入汽缸内的可燃混合气或新鲜空气（也称进气量）对发动机性能的影响很大。进气量越多，发动机的有效功率和转矩越大。新鲜空气或可燃混合气充满汽缸的程度，用充量系数来表示。所谓充量系数就是在进气过程中，实际进入汽缸内的新鲜空气或可燃混合气的质量之比。配气机构的运动件应该具有质量小、刚度强的特点，以使配气机构具有良好的动力特性。

二、配气机构的构造

配气机构由气门组和气门传动组零件组成，如图 3-1-1 所示。

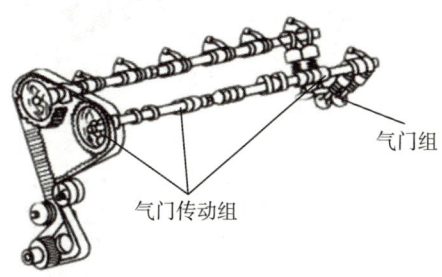

图 3-1-1　配气机构

1. 气门组

气门组一般由气门、气门座、气门导管、气门弹簧、气门弹簧座、气门锁片（锁销）等零件组成，如图 3-1-2 所示，其主要功用是维持气门的关闭。

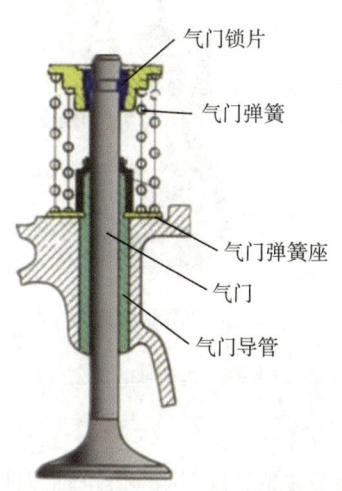

图 3-1-2　配气机构

2. 气门传动组

气门传动组主要包括凸轮轴、气门挺杆、推杆、摇臂和摇臂组等零件，其主要作用是使进、排气门能按配气相位规定的时刻开闭，并保证有足够的开度，如图 3-1-3 所示。

图 3-1-3 气门传动组

三、配气机构的分类

配气机构有多种类型，目前汽车发动机多采用顶置气门式配气机构，即进、排气门置于汽缸盖内，倒挂在汽缸顶上。

1. 按凸轮轴的位置分类

配气机构按凸轮轴的位置分有凸轮轴下置式、凸轮轴中置式和凸轮轴上置式，如图 3-1-4 所示。

（a）凸轮轴下置式　　（b）凸轮轴中置式　　（c）凸轮轴上置式

图 3-1-4　凸轮轴的位置分类

（1）凸轮轴下置式

如图 3-1-4（a）所示，凸轮轴下置式配气机构的凸轮轴置于曲轴箱内，平行布置在曲轴的一侧。由于曲轴和凸轮轴位置靠近，只用一对正时齿轮传动，传动机构比较简单。凸轮轴下置式配气机构多用于转速较低的发动机。

（2）凸轮轴中置式

如图 3-1-4（b）所示，为减小气门传动组零件往复运动的惯性力，一些速度较高的发动机将下置式凸轮轴的位置抬高到汽缸体的中上部，缩短了传动零件的长度，这种配气机构称为凸轮轴中置式配气机构。

（3）凸轮轴上置式

如图 3-1-4（c）所示，凸轮轴上置式配气机构的凸轮轴直接布置在汽缸盖上。凸轮轴直接通过摇臂来驱动气门，省去了推杆、挺柱，使往复运动量大大减小，因此，它适用于高速发动机。由于凸轮轴离曲轴中心较远，因而采用链条传动或同步齿形带传动，使得正时传动机构较为复杂，而且拆装汽缸盖也比较困难。

2. 按凸轮轴的传动方式分类

配气机构按凸轮轴的传动方式分为齿轮传动式、链条传动式和齿形带传动式，如图3-1-5所示。由于四冲程发动机每完成一个工作循环，曲轴旋转2圈，而各缸只进、排气1次，即凸轮轴只需转1圈，所以曲轴与凸轮轴的传动比为2:1。

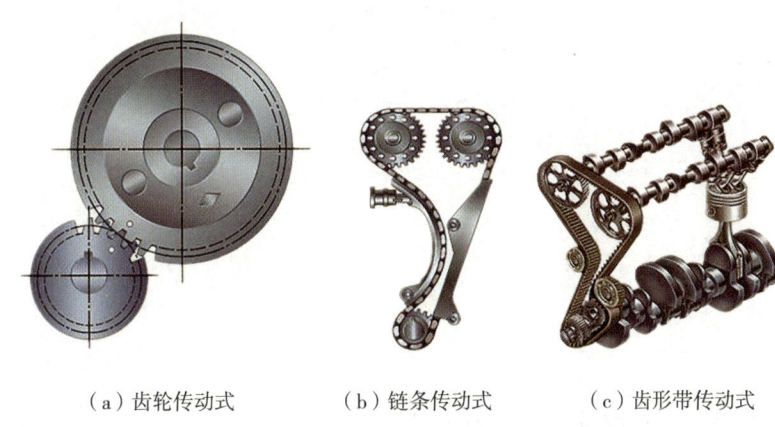

（a）齿轮传动式　　（b）链条传动式　　（c）齿形带传动式

图3-1-5　凸轮轴的位置分类

（1）齿轮传动式

如图3-1-5（a）所示，凸轮轴下置式、中置式配气机构大多采用圆柱形正时齿轮传动。一般从曲轴到凸轮轴的传动只需一对正时齿轮，多用于汽油机。采用这种传动，若齿轮直径过大，可在中间加装一个惰轮。

凸轮轴正时齿轮大，曲轴正时齿轮小，通常采用斜轮，以保证传动平稳。安装时，齿轮的正时记号必须对准，确保配气正时。

（2）链条传动式

如图3-1-5（b）所示，凸轮轴上置式配气机构的凸轮轴离曲轴较远，通常采用链条传动或齿形带传动。采用链条传动时，在曲轴和凸轮轴上装有链轮，曲轴通过链条驱动凸轮轴，在链条侧面有张紧机构和链条导板，利用张紧机构调整链条张力。其特点是工作可靠，使用寿命长，但工作噪声大，润滑、维修较复杂。

（3）齿形带传动式

如图3-1-5（c）所示，采用齿形带传动时，曲轴上的齿形带轮通过齿形带驱动凸轮轴上的齿形带轮，并用张紧轮调整齿形带张力。齿形带由纤维和橡胶制成，一面具有齿形，另一面是平面。传动噪声小，不需要润滑。

安装时和齿轮传动式一样，在主动轮和被动轮上都有正时记号，必须按要求对准正时记号，以确保配气正时。

3. 按每个汽缸的气门数量分类

配气机构按每个汽缸的气门数量分有双气门式和两个以上气门的多气门式两种，如图3-1-6所示。一般发动机每个汽缸有2个气门，即一个进气门和一个排气门。进气门头部直径比排气门头部直径大15%~30%，靠的是增大进气门通过断面的面积，减小进气阻力，增加进气量。排气门头部直径略小，排气阻力会稍大，但是排气阻力对发动机性能的影响比进气阻力小得多。只要进气门和排气门数量相同，进气门头部直径就比排气门大。

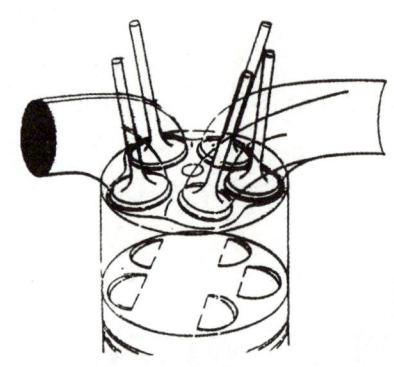

图 3-1-6 五气门汽缸

任务实施

一、前期准备

安全防护：实训着装、完成设备防护及场地准备。
工具设备：防护用品、工具套装等。
实训设备：某轿车 LDE 发动机台架。
辅助资料：维修手册、教材。

二、操作项目

1. 认知气门组

（1）认知气门锁片，如图 3-1-7 所示。
（2）认知气门弹簧座，如图 3-1-8 所示。

图 3-1-7 气门锁片

图 3-1-8 气门弹簧座

（3）认知气门弹簧，如图 3-1-9 所示。
（4）认知气门，如图 3-1-10 所示。

图 3-1-9 气门弹簧

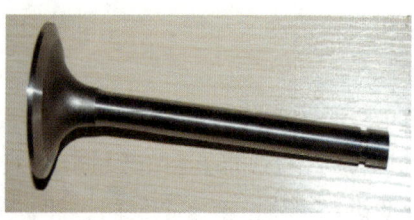

图 3-1-10 气门

2. 认知气门传动组

（1）认知正时齿轮，如图 3-1-11 所示。

（2）认知张紧轮，如图 3-1-12 所示。

图 3-1-11　正时齿轮

图 3-1-12　张紧轮

（3）认知正时齿形带，如图 3-1-13 所示。

（4）认知曲轴正时齿轮，如图 3-1-14 所示。

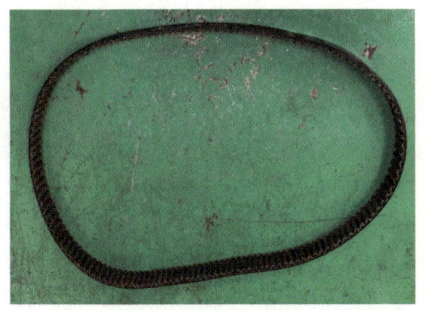

图 3-1-13　正时齿形带

图 3-1-14　曲轴正时齿轮

（5）认知进、排气凸轮轴，如图 3-1-15 所示。

（6）认知挺柱，如图 3-1-16 所示。

图 3-1-15　进气凸轮轴

图 3-1-16　挺柱

三、任务考核

认知配气机构评分标准。

序号	作业项目	考核内容	配分	评分标准	扣分	得分
1	前期准备	清理工位及工位布置，设备的外观检查	10	未清理工位扣5分，未对设备进行外观和安全检查扣5分		
2	气门组部件认知	能否快速找到并认知气门锁片 能否快速找到并认知气门弹簧座 能否快速找到并认知气门弹簧 能否快速找到并认知气门	20	不能快速找到并准确说出气门组部件每次扣5分		
3	气门传动组部件认知	能否快速找到并认知正时齿轮 能否快速找到并认知张紧轮 能否快速找到并认知正时齿形带 能否快速找到并认知曲轴正时齿轮 能否快速找到并认知进、排气凸轮轴 能否快速找到并认知挺柱	30	不能快速找到并准确说出气门传动组部件每次扣5分		
4	维修资料使用	能否正确使用维修资料	20	不会使用维修资料扣20分，使用不熟练扣10分		
5	6S现场管理	遵守实训室安全操作规范，无人身伤害和设备损坏	20	每单项扣5分，扣完为止。因违规操作发生人身伤害和设备损坏，此项不得分		
	合计		100			

任务二　配气相位和气门间隙调整

任务引入

某轿车在运行时，发动机顶部发出金属敲击异响，经初步检查，判断是发动机气门间隙出现故障，需进行拆卸维修。如果你是该项目的维修技师，那么你知道怎么操作吗？

背景知识

一、配气相位

为了保证发动机汽缸排气彻底、进气充分，要求气门具有尽可能大的通过能力，因此，发动机的进、排气门实际开启和关闭并不恰好在活塞的上、下止点，而是适当的提前和滞后。

进气门提前开启的目的是保证新鲜气体或可燃混合气能顺利、充足地充入汽缸；而进气门滞后关闭是为了在压缩行程开始时，利用汽缸内的压力暂低于大气或环境压力，靠进气气流的惯性使新鲜气体或可燃混合气仍可继续进入汽缸。这样，进气门开启持续时间内的曲轴转角大于180°。从图3-2-1可以看出，进气持续角相当于曲轴转角（α+180°+β）。α为进气提前角，一般为10°~30°，β为进气滞后角，是活塞从进气行程下止点到进气门关闭所在位置对应的曲轴转角，一般为40°~80°。

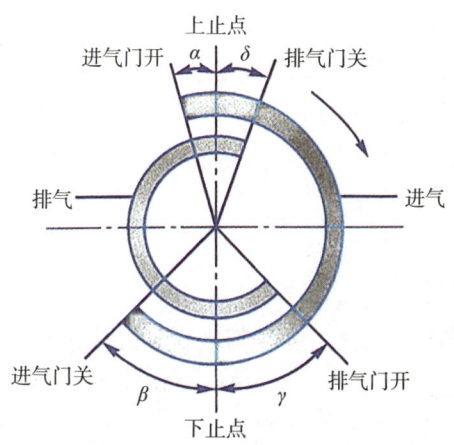

图 3-2-1 配气相位图

排气门滞后的原因是：排气门滞后是由于活塞到达上止点时，汽缸内的压力仍高于大气，利用排气流的惯性可使废气继续排出。这样，排气门开启持续时间的曲轴转角可表示为（γ+180°+δ）。γ 为排气提前角，即活塞从排气门开始开启到下止点所对应的曲轴转角，γ 一般为 40°~80°；δ 为排气滞后角，是活塞从上止点到排气门关闭所对应的曲轴转角，一般为 10°~30°。由于进气门早开和排气门晚关，会有一段时间进、排气门同时开启。进气门和排气门同时开启的那一段时间或曲轴转角，称为气门重叠角。

由于气门重叠角较小，且新鲜气体和废气流的惯性要保持原来的流动方向，所以只要气门重叠角取得合适，就不会产生废气倒流进气管和新鲜气体随废气排出的问题。发动机的结构不同、转速不同，配气相位也就不同，最佳配气相位角是根据发动机性能指标的要求，由试验确定的。

二、气门间隙

发动机工作时，配气机构的各个零件，如气门、挺柱、推杆等都因受热膨胀而伸长，如果气门及其传动件之间不留间隙，则在热态时，就会因受热膨胀而顶开气门，破坏气门与气门座之间的密封，造成发动机在压缩和做功行程中漏气，而使功率下降。为了消除这种现象，通常配气机构在常温装配时，留有一定的间隙，这一间隙就称为气门间隙，如图 3-2-2 所示。

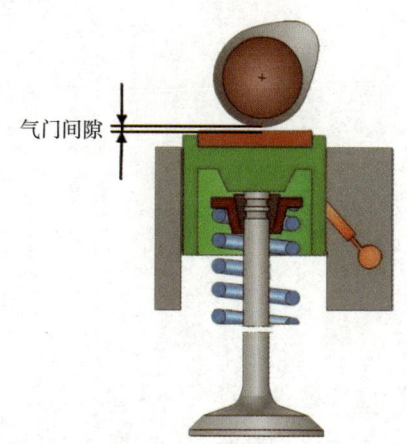

图 3-2-2 气门间隙

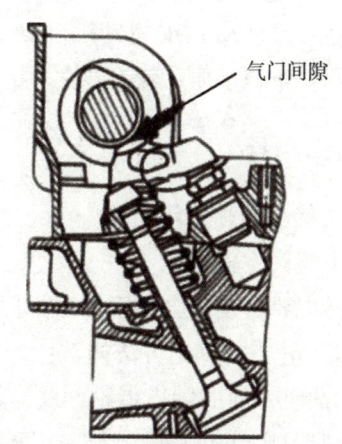

图 3-2-3 带液压挺杆调节的气门间隙

有的发动机采用液压挺杆，其特点是在挺杆内油压、柱塞和弹簧作用下可自动调节气门间隙，故不需要预留气门间隙，如图 3-2-3 所示。

气门间隙的大小由发动机制造厂根据试验确定，一般在冷态时，进气门的间隙为 0.25~0.30 mm，排气门的间隙为 0.30~0.35 mm。如果间隙过大，则传动零件之间及气门与气门座之间将产生撞击并发出响声，一方面加剧了零件的磨损，另一方面也会使气门开启的持续时间减少，汽缸的充气及排气情况变坏。

三、气门间隙的检查与调整

导学视频

为了保证发动机工作气门和座圈密封，或减缓某些机件磨损，在发动机配气机构的气门和挺杆或摇臂之间留有一定间隙，如果气门间隙过小，则气门因关闭不严而损坏；如果气门间隙过大，则气门产生噪声，并改变气门开闭时刻，从而导致进气不足，排气不彻底。发动机在使用中，由于配气机构某些零件的磨损，改变了原来的气门间隙，因此，在维护中要检查和调整气门间隙。

四行程发动机气门间隙的检查与调整方法有两种：

1. 逐缸调整法

逐缸调整法，即该缸活塞位于压缩终了上止点时，可调该缸进、排气门的间隙。这种方法适于结构复杂、磨损严重的发动机调整时摇转曲轴次数多，工作效率低。

2. 两次调整法

两次调整法可以减少曲轴的摇转次数，多缸发动机如 6 缸、8 缸、12 缸，只摇转曲轴两次，即可调完全部气门间隙。

在热车和冷车状态下，气门间隙的检查和调整都应在气门完全关闭且气门挺杆底平面落到凸轮基圆上时才能进行。这是气门间隙调整的基本原则。

任务实施

一、前期准备

安全防护：实训着装、完成设备防护及场地准备。

工具设备：防护用品、常用拆装工具、测量工具等。

实训设备：某轿车 LDE 发动机台架。

辅助资料：维修手册、教材。

二、操作项目

1. 逐缸法检查调整气门间隙

（1）拆下气门室盖。

（2）摇转曲轴，使 1 缸处于压缩行程上止点位置。

1 缸压缩上止点的确定方法如下：

1）转动曲轴，使曲轴皮带轮刻线与正时齿轮盖 "O" 记号对齐，若 6（4）缸气门没有间隙，即 6（4）缸的排气门刚关闭、进气门刚打开，则 1 缸在压缩上止点；若此时 6（4）缸进、排气门有间隙，摇转曲轴一圈，则 1 缸处于压缩上止点。

2）记下 1 缸高压线的位置，打开分电器盖，转动曲轴，当分火头与 1 缸分高压线位置相对且曲轴皮带轮刻线与正时齿轮盖"0"记号对齐时，表示1缸在压缩上止点。

（3）调整气门间隙。

1缸处于压缩行程上止点时，该缸进、排气门全闭。用塞尺检查气门脚间隙，不合规定时则需调整。调整时用相应的梅花扳手将锁紧螺母旋松，再用平口螺丝刀按技术要求将调整螺钉旋进或旋出，直至气门间隙符合要求，如图3-2-4所示。

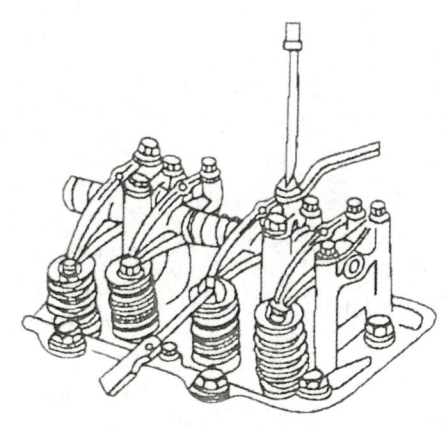

图3-2-4 气门间隙的调整和检查

（4）调整好后，将锁紧螺母锁紧后，再用塞尺检查一次，若不符合规定，应重新再调至符合标准为止。

（5）转动曲轴720°/i（i为汽缸数），调整下一汽缸。对于做功顺序为1—5—3—6—2—4的发动机，转动曲轴120°调5缸；对于做功顺序为1—3—4—2的发动机，转动曲轴180°调3缸。

（6）按上述方法和步骤，调整其余各缸气门。

2. 两次法检查调整气门间隙

根据发动机的工作循环、点火顺序，按相位原理，在第1缸和第6缸分别处于压缩终位置时，对相应的气门进行调整。

（1）摇转曲轴，使1缸处于压缩行程上止点。

（2）用"双－排－不－进"判断可调的气门。

1）对于做功顺序为1—5—3—6—2—4的发动机，当1缸处于压缩行程上止点时，用"双－排－不－进"口诀可判断：1缸进、排气门都可调，即"双"；5缸和3缸只能调排气门，即"排"；6缸进、排气门都不能调，即"不"；2缸和4缸只能调进气门，即"进"。

2）对于做功顺序为1—3—4—2的发动机，当1缸处于压缩行程上正点时，用"双－排－不－进"口诀可判断：1缸进、排气门部可调，即"双"；3缸只能调排气门，即"排"；4缸进、排气门都不能调，即"不"；2缸只能调进气门，即"进"。判断可调气门后，对可调气门进行调整。

3）转动曲轴一圈，调其余的气门。在该发动机第1缸处于压缩行程上止点的情况下，都是进、排气门间隙可调，与1缸对称360°曲轴转角的汽缸，其进、排气门脚间隙均不可调，其余按口诀进行调整，若标有"排"，则只调排气门脚间隙，标有"进"的则只调进气门脚间隙。第一次调整过的，第二次就不再调整。每次调整气门总数的一半，通过两次摇转曲轴就可以完成所有气门间隙的调整。

三、任务考核

气门间隙的检查与调整评分标准。

序号	作业项目	考核内容	配分	评分标准	扣分	得分
1	前期准备	清理工位及工位布置，设备的外观检查	10	未清理工位扣5分，未对设备进行外观和安全检查扣5分		
2	拆下气门室盖	选用正确工具拆下气门室盖；取下气门室盖；摆放正确	10	未选用正确工具拆下气门室盖扣5分，未取下气门室盖扣3分，摆放不正确扣2分		
3	检查气门间隙	摇转曲轴，使1缸处于压缩行程上止点位置；检查气门间隙，厚薄规选用使用正确；测量位置正确；数据记录正确	30	未摇转曲轴，使1缸处于压缩行程上止点位置扣10分，检查气门间隙，厚薄规选用使用不正确扣10分，测量位置错误扣5分，数据记录错误扣5分		
4	调整气门间隙	调整时选用正确的工具将锁紧螺母旋松；再用平口螺丝刀按技术要求将调整螺钉旋进或旋出；调整后的气门间隙符合维修手册要求；完成所有气门间隙的调整	30	调整时未选用正确的工具将锁紧螺母旋松扣10分，未用平口螺丝刀按技术要求将调整螺钉旋进或旋出扣10分，调整后的气门间隙不符合维修手册要求扣5分，未完成所有气门间隙的调整扣5分		
5	维修资料使用	能否正确使用维修资料	10	不会使用维修资料扣10分，使用不熟练扣5分		
6	6S现场管理	遵守实训室安全操作规范，无人身伤害和设备损坏	10	每单项扣5分，扣完为止。因违规操作发生人身伤害和设备损坏，此项不得分		
		合计	100			

任务三　气门组的拆装与检修

任务引入

某轿车，在做车辆维护检查时发现汽缸漏气较严重，初步判断是气门组故障，与客户沟通后，需要对其进行维修，如果你是该维修技师，应该如何操作？

背景知识

气门组包括气门、气门导管、气门座、气门弹簧、气门弹簧座，及锁片等零件，如图3-3-1所示，其主要功用是维持气门的关闭。气门组应保证气门头部与气门座贴合严密，气门杆在气门导管中有良好的导向作用，气门弹簧能使气门迅速关闭，并保证气门紧压在气门座上。

导学视频

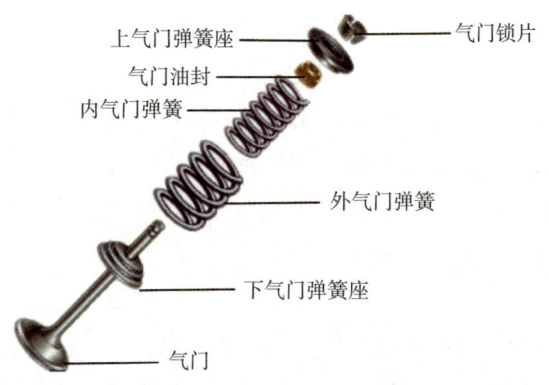

图 3-3-1 气门组结构

一、气门

1. 气门的功用

配气机构的气门分为进气门和排气门。进气门的作用是让新鲜空气或可燃混合气进入汽缸内，排气门的作用是让燃烧后的废气排出汽缸。气门的工作条件非常恶劣，气门头部要承受燃烧高温、气体压力、气门弹簧力和传动组零件惯性力的作用，冷却和润滑条件差，还要接触汽缸内燃烧生成物中的腐蚀介质。因此，要求气门必须具有足够的强度、刚度、耐热、耐腐蚀和耐磨能力。由于进、排气门的工作条件不同，进气门的材料采用铬钢或镍铬钢等合金钢，排气门由于热负荷大，一般采用耐热合金钢（硅铬钢、硅铬钼钢等）。有的排气门为了降低成本，头部采用耐热合金钢，杆部采用中碳合金钢，然后将两者焊在一起。

2. 气门的组成

气门由头部和杆部两部分组成，如图 3-3-2 所示。

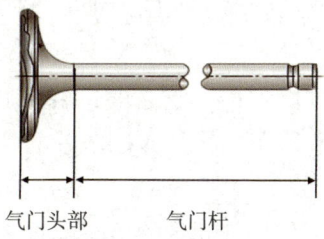

图 3-3-2 气门的组成

（1）气门头部

气门头部的作用是封闭进、排气通道，如图 3-3-2 所示。根据气门头顶部形状的不同，可分为平顶气门、球面顶气门和喇叭形顶气门等，如图 3-3-3 所示。

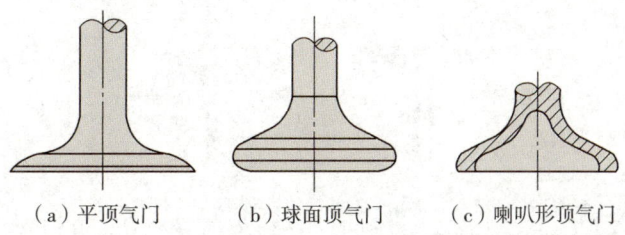

图 3-3-3 气门头部形状

1）如图3-3-3（a）所示，平顶气门结构简单、制造方便、受热面积小，性能介于球面顶和喇叭形顶之间，应用较广。

2）如图3-3-3（b）所示，球面顶气门头特点：因其强度高，排气阻力小，废气清除效果好，适用于排气门。但球形受热面积大，质量和惯性力大，加工较复杂。

3）如图3-3-3（c）所示，喇叭形顶气门头部与杆部的过渡部分具有一定的流线型，可以减小进气阻力，但其顶部受热面积大，故只适用于进气门。

（2）气门杆

气门杆是在气门开闭过程中起导向作用。气门杆呈圆柱形，在气门导管中不断进行往复运动，其杆部加工精度要求较高，表面须经过热处理和磨光，以保证同气门导管的配合精度和耐磨性。大多数发动机的进排气门杆一样粗，气门杆一端与气门头部相连，另一端即气门尾部，与气门弹簧座相连。

气门杆后部结构与气门和弹簧座的连接方式有关，常见的有以下两种固定方法，如图3-3-4所示。

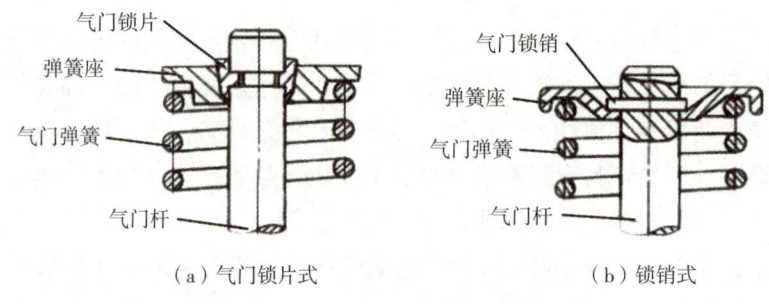

图 3-3-4　气门固定方式

① 气门锁片式固定法，如图3-3-4（a）所示，在气门杆尾部切一凹槽，凹槽上装有两个半锥形气门锁片，在气门弹簧的弹力作用下，气门弹簧上座圈内锥面压住两个半锥形气门锁块，使其紧箍在气门杆尾部。

② 锁销式固定法，如图3-3-4（b）所示，把气门杆尾部制成一圆柱形径向通孔，利用插在孔内的锁销来支承弹簧座，而弹簧座的边缘又可以阻止锁销松脱。

3. 气门锥角

气门头部与气门座接触的工作面是与杆部同轴的锥面。通常将这一锥面与气门顶平面夹角称为气门锥角，如图3-3-5所示。常见的气门锥角为30°和45°，一般做成45°。采用锥形工作面，气门落座时能自行对正中心，接触良好，而且能获得较大的气门座合压力，以提高密封性和导热性，就像锥形塞子可以塞紧瓶口一样。锥形工作面可以避免气流拐弯过大而降低流速。此外，有了锥角，气门还能挤掉接触面的沉积物，有自洁的作用。

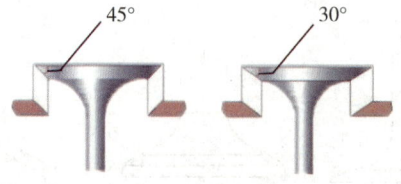

图 3-3-5　气门锥角

气门头边缘应保持一定的厚度，一般为1~3mm，以防冲击损坏和被高温烧蚀。

气门头部直径越大，气门口通道截面就越大，进、排气阻力就越小。为了减小进气阻力提高汽缸的充气效率，多数发动机进气门的头部直径做得比排气门的大。有时为了加工简单，把进、排气门直径做成一致，在这种情况下，往往在排气门头部刻有排气标志，以防装错。

二、气门座

汽缸盖或缸体的进、排气道与气门锥面相结合的部位称为气门座，如图 3-3-6 所示。气门座的作用是与气门头部共同密封汽缸，同时接受气门传来的热。气门座可在汽缸盖上直接镗出，但大多数的车用发动机的气门座用耐热合金钢或合金铸铁等单独做成座圈，然后镶嵌到汽缸盖或缸体上，后者称为镶嵌式气门座。

图 3-3-6 气门座

气门座圈是一个圆环，它以较大的过盈量压在汽缸盖的气门座窝上，气门座圈与汽缸盖的过盈量要合适，如果过盈量不足，则在工作时座圈易脱落而损坏发动机。为了防止气门座圈松脱，有的在气门座圈外围上装有环槽，以备压入后缸盖材料塑性变形嵌入其中。

三、气门导管

气门导管的作用是给气门以运动导向，保证气门直线运动，使气门与气门座能正确贴合。此外，气门导管还具有导热作用。

气门导管的外形如图 3-3-7 所示，为圆柱形管，其外表面有较高的加工精度和较好的粗糙度，与缸盖（体）的配合有一定的过盈量，以保证良好地传热和防止松脱。为了保证气门和气门导管的精确配合间隙，气门导管的内孔在气门导管被压入汽缸盖或汽缸体后再精铰。

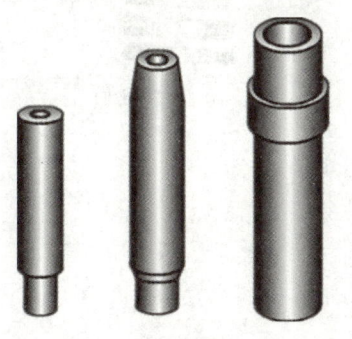

图 3-3-7 气门导管

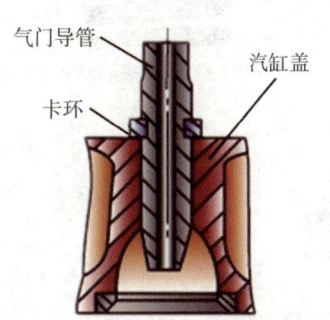

图 3-3-8 气门导管结构

气门导管上端面内孔处不应倒角，以防止过多的机油进入导管；气门导管外侧面带有定锥度，以防止积油产生，如图 3-3-8 所示。

为了防止气门导管在使用过程中脱落，有的发动机对气门导管用卡环定位，这样导管的配合过盈量可小些。铝合金汽缸盖常用带凸台式卡环的导管，这是因为铝合金汽缸盖（体）受热后膨胀量大，导管与其配合的过盈量比使用铸铁汽缸盖（体）的配合过盈量大。

四、气门弹簧

1. 气门弹簧的作用

气门弹簧的作用是使气门自动复位关闭，保证气门与气门座的座合压力，同时防止气门在发动机振动时因跳动而破坏密封，气门弹簧如图 3-3-9 所示；在气门开启时，气门弹簧保证气门不因运动时产生的惯性力而脱离凸轮。为此，气门弹簧应具有足够的刚度和安装预紧力。其材料为高碳锰钢或铬钒钢等冷拔钢丝，加工后要经过热处理。为提高弹簧的抗疲劳强度，增强工作可靠性，钢丝一般经抛光处理。弹簧的两端面经磨光并与弹簧轴线相垂直。

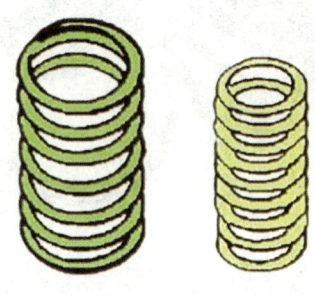

图 3-3-9　气门弹簧

2. 气门弹簧的分类

气门弹簧一般是圆柱形螺旋弹簧，分为等螺距弹簧、不等螺距弹簧和反向螺旋弹簧三种，如图 3-3-10 所示。气门弹簧一端支承在汽缸盖（体）上，另一端压靠在气门杆端的弹簧座上。弹簧座用锁片固定在气门杆的末端。气门弹簧的两端面要磨光并与弹簧轴线相垂直。

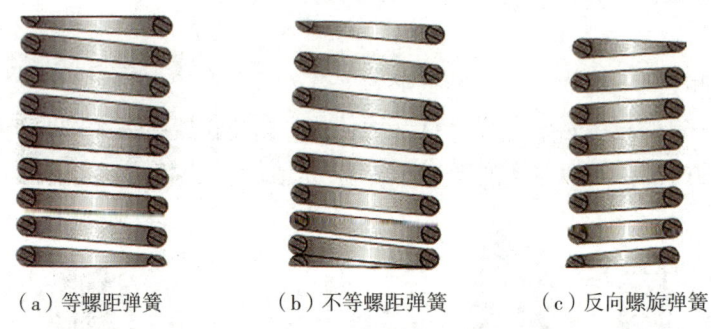

（a）等螺距弹簧　　　　（b）不等螺距弹簧　　　　（c）反向螺旋弹簧

图 3-3-10　气门弹簧的分类

🛠 任务实施

一、前期准备

安全防护：实训着装、完成设备防护及场地准备。

工具设备：防护用品、常用拆装工具、测量工具等。

实训设备：某轿车 LDE 发动机台架。

辅助资料：维修手册、教材。

二、操作项目

1. 拆卸气门组

（1）按照如图 3-3-11 所示顺序松开凸轮轴 1 号轴承盖螺栓，如图 3-3-12 所示。

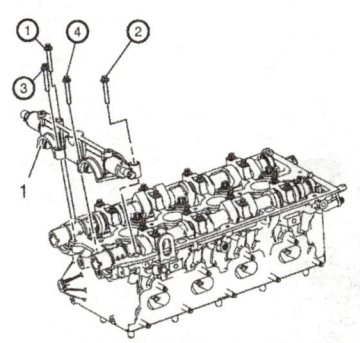

1-凸轮轴；①②③④-拆卸顺序

图 3-3-11 拆卸顺序　　　　图 3-3-12 拆下凸轮轴 1 号轴承盖

（2）用一把塑料锤轻轻敲打轴承架，取下凸轮轴 1 号轴承盖。

（3）拆下油封，如图 3-3-13 所示。

图 3-3-13 拆下油封

（4）按照如图 3-3-14 所示顺序拆下排气、进气凸轮轴轴承盖螺栓，按顺序摆放整齐，如图 3-3-15 所示。

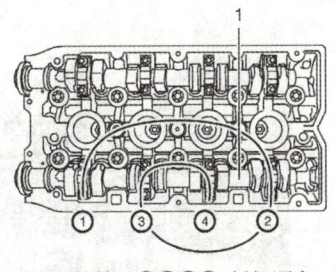 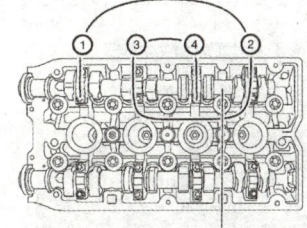

1-凸轮轴；①②③④-拆卸顺序　　　1-凸轮轴；①②③④-拆卸顺序

图 3-3-14 拆卸顺序

图 3-3-15　拆下轴承盖

（5）取下进、排气凸轮轴，如图 3-3-16 所示。

图 3-3-16　取下凸轮轴

（6）用吸棒取下 16 个气门挺柱，按顺序摆放整齐，如图 3-3-17、图 3-3-18 所示。

图 3-3-17　取下气门挺柱

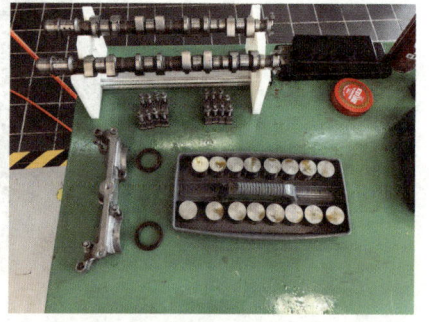

图 3-3-18　按顺序摆放

（7）用气门弹簧压缩器压下气门弹簧座，如图 3-3-19 所示。

（8）用磁棒吸出气门锁片，如图 3-3-20 所示。

图 3-3-19　用气门弹簧压缩器压下气门弹簧座

图 3-3-20　吸出气门锁片

（9）松开气门弹簧压缩器，取出气门弹簧座，如图3-3-21所示。

（10）取出气门弹簧，如图3-3-22所示。

图3-3-21　取出气门弹簧座

图3-3-22　取出气门弹簧

（11）取下气门，如图3-3-23所示。

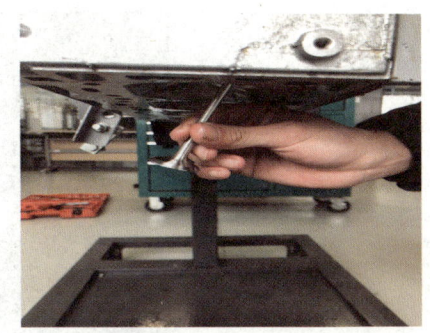

图3-3-23　取下气门

（12）用气门油封拆卸专用工具取下气门油封，如图3-3-24所示，并将所有拆下的气门组件摆放整齐，如图3-3-25所示。

图3-3-24　取下气门油封

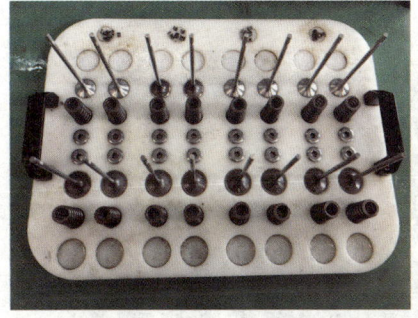
图3-3-25　气门组件整齐摆放

2. 检修气门组

（1）目视检查气门锁片是否磨损、气门弹簧座是否碎裂、气门弹簧是否变形、气门锥面是否有烧伤或开裂。

（2）目视检查气门是否存在气门座部位点蚀、气门余量厚度不足、气门杆弯曲、气门杆点蚀或严重磨损、气门锁片槽磨损和气门杆顶端磨损，如图3-3-26所示。

（3）清洁气门，测量气门杆高度，如图3-3-27所示。

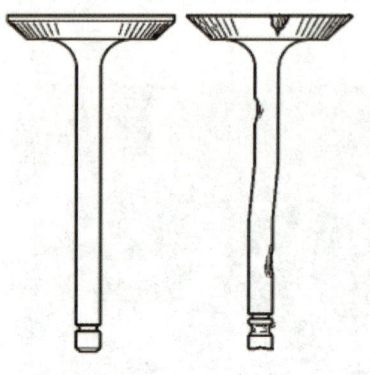
图 3-3-26　气门检查图

图 3-3-27　测量气门长度

（4）测量气门头部直径，如图 3-3-28 所示。

图 3-3-28　测量气门头部直径

（5）测量完毕后，清洁被测量部位和测量工具。

3. 安装气门组

（1）用气门油封安装专用工具安装气门油封，如图 3-3-29 所示。

图 3-3-29　安装气门油封

（2）安装气门，如图 3-3-30 所示。
（3）安装气门弹簧，如图 3-3-31 所示。

图 3-3-30 安装气门

图 3-3-31 安装气门弹簧

（4）安装气门弹簧座，如图 3-3-32 所示。

（5）用气门弹簧压缩器压下气门弹簧座，如图 3-3-33 所示。

图 3-3-32 安装气门弹簧座

图 3-3-33 用气门弹簧压缩器压下气门弹簧座

（6）用气门锁片专用工具安装锁片，如图 3-3-34 所示。

（7）安装挺柱，如图 3-3-35 所示。

图 3-3-34 用气门锁片专用工具安装锁片

图 3-3-35 安装挺柱

（8）安装进、排气侧凸轮轴和轴承盖，如图 3-3-36、图 3-3-37 所示。

图 3-3-36 安装凸轮轴

图 3-3-37 安装轴承盖

（9）按照如图3-3-38所示顺序安装进、排气凸轮轴螺栓，按规定力矩紧固凸轮轴轴承盖螺栓。

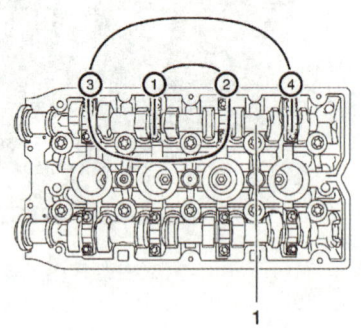 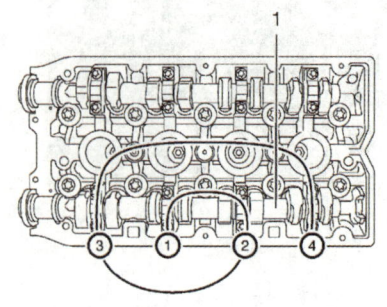

1-凸轮轴；①②③④-安装顺序　　　　1-凸轮轴；①②③④-安装顺序

图3-3-38　安装顺序

（10）安装油封，如图3-3-39所示。

图3-3-39　安装油封

（11）按照如图3-3-40所示顺序安装凸轮轴1号轴承盖螺栓，如图3-3-41所示。

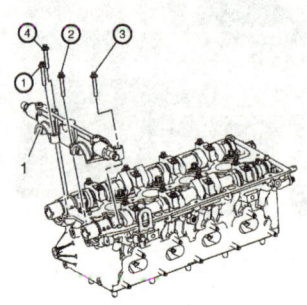 

1-凸轮轴；①②③④-安装顺序

图3-3-40　安装顺序　　　　图3-3-41　安装1号凸轮轴轴承盖螺栓

（12）整理场地。

三、任务记录表

拆卸气门组为（　　）缸（　　）组气门。

1.气门组部件目视检查记录表

项目	气门锁片	气门弹簧座	气门弹簧	气门锥面
检查记录				
处理意见				

气门外观目视检查							
检查部位	座部点蚀	头部余量	杆部弯曲	杆部点蚀	锁片槽	杆顶端	处理意见
进气门							
排气门							

2. 气门组部件测量记录表

气门长度检测（高度尺误差值：　　　　　）		
测量及结果＼项目	进气门	排气门
测量值（mm）		
结果判断及处理		

气门头部直径检测（千分尺误差值：　　　　　）		
测量及结果＼项目	进气门	排气门
测量值（mm）		
结果判断及处理		

四、任务考核

气门组的拆装与检修评分标准。

序号	作业项目	考核内容	配分	评分标准	扣分	得分
1	前期准备	清理工位及工位布置，清点工量具，设备的外观检查	5	未清理工位扣1分，未清点工量具扣1分，未对设备进行外观和安全检查扣3分		
2	零部件拆卸	能否正确按照维修手册的要求进行拆卸并按照规定摆放	15	未按照维修手册进行拆卸工作，每次扣2分		
3	零部件清洁	能否正确按照维修手册的要求进行零件的清洁	10	每一个元件未按照维修手册要求进行清洁扣2分		
4	零部件检测	能否正确利用维修资料完成零部件的检测，并分析得出结论和维修建议	20	不能正确利用维修资料完成零部件的检测每项扣5分，测量条件不正确每一次扣5分，结论或维修建议错误每次扣5分		
5	零部件安装	能否正确按照维修手册的要求进行安装并按照规定进行紧固	20	未按照维修手册进行安装工作（包括紧固角度、扭矩值错误等），每次扣2分		
6	记录表填写	测量值填写是否正确、完整	10	测量值填写错误、不完整，每项扣2分		
7	维修资料使用	能否正确使用维修资料	10	不会使用维修资料扣10分，使用不熟练扣5分		
8	6S现场管理	遵守实训室安全操作规范，正确使用工量具，无人身伤害和设备损坏	10	每单项扣2分，扣完为止。因违规操作发生人身伤害和设备损坏，此项不得分		
		合计	100			

项目三　配气机构的构造与拆装

任务四　气门传动组的拆装与检修

任务引入

某轿车发动机怠速时，发出有节奏的"嗒、嗒、嗒"响声，转速升高，响声也增大，发动机温度变化或做断火试验，响声不变。经初步检查，判断是气门传动组出现故障，需进行拆装维修。如果你是该项目的维修技师，那么你知道该如何做吗？

背景知识

气门传动组的作用是使进、排气门能按配气相位规定的时刻开闭，并保证有足够的开度。气门传动组主要包括凸轮轴、气门挺杆、推杆、摇臂和摇臂组、正时齿形带和张紧轮等零件，如图3-4-1所示。

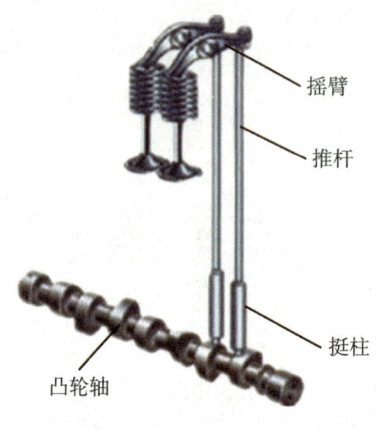

图3-4-1　气门传动组

一、凸轮轴

1. 凸轮轴的功用

凸轮轴是气门传动组中最主要的零件，其作用是驱动和控制各缸气门的开启和关闭，使其符合发动机的工作顺序、配气相位及气门开度的变化规律等要求。此外，有的汽油机还用它来驱动高压油泵。

2. 凸轮轴的组成

凸轮轴主要由凸轮和凸轮轴轴颈等组成。多缸发动机的凸轮轴按汽缸工作顺序，布置了一系列的凸轮。根据发动机的总体布置，在一根凸轮轴上，可以单独配置进气凸轮或排气凸轮，也可以同时配置进气凸轮和排气凸轮，如图3-4-2所示。

图3-4-2　凸轮轴的结构

（1）凸轮

凸轮是凸轮轴的主要工作部分，它的轮廓应保证气门开启和关闭的持续时间符合配气位的要求。在工作时，凸轮承受气门间歇性开启的周期性冲击载荷。因而要求凸轮表面应有良好的耐磨性，为了保证气门开闭规律的正确性，凸轮还应有足够的刚度。

（2）凸轮轴

凸轮轴通常做成一整体轴，采用优质碳钢和合金钢模锻，并经表面高频淬火（中碳钢）或渗碳淬火处理。近年来，合金铸铁和球墨铸铁也被广泛地用来制造凸轮轴。

有的发动机的凸轮轴安装在汽缸体上的轴承座上，座孔中压装有青铜或巴氏合金滑动轴承；也有的发动机的凸轮轴安装在汽缸盖上。凸轮轴的轴颈数取决于承受的载荷和轴本身的刚度。通常有两种形式，即每隔两个汽缸设置一个轴颈和每隔一个汽缸设置一个轴颈。一般发动机多采用前者，当缸径较大、气门数多、转速高，及凸轮轴负荷大时，则应采用后者。

凸轮轴轴承一般做成衬套压入整体式的座孔内，最后再经加工，与轴径配合。其材料多与曲轴相同。

二、气门挺杆

1. 气门挺杆的作用

气门挺杆是将凸轮的推力传给推杆（顶置气门式配气机构），并承受凸轮轴旋转时所施加的侧向力。挺杆常用碳钢、合金铸铁和冷激铸铁等摩擦表热处理后精磨。它与凸轮轴的材料必须有合理的组合配对。

2. 气门挺杆的类型

常见的普通挺杆有菌形挺杆、平面挺杆和筒形挺杆，如图3-4-3所示。

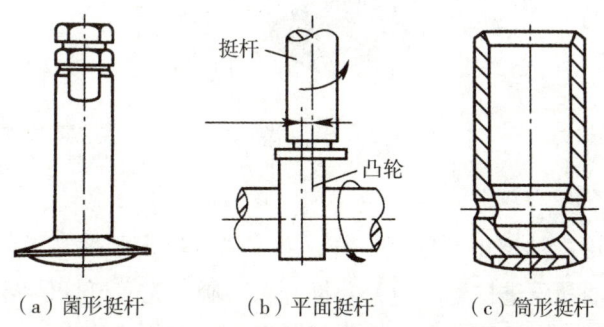

（a）菌形挺杆　　（b）平面挺杆　　（c）筒形挺杆

图3-4-3　气门挺杆的类型

挺杆工作时，由于受凸轮侧向推力的作用会引起挺杆与导管之间单面磨损，又因挺杆的工作面直接与凸轮相接触，是一对高摩擦副，在工作中会产生很大的摩擦与磨损。为了减轻挺杆工作面的局部磨损，一般采取菌形挺杆、平面挺杆和筒形挺杆等形式。

（1）菌形挺杆

如图3-4-3（a）所示，将挺杆底面工作面制成球面，将凸轮的母线做成斜率很小的锥体，这样可使挺杆在工作中绕其中心线稍有转动，从而达到磨损均匀的目的。

（2）平面挺杆

如图3-4-3（b）所示，挺杆工作面是平面，凸轮是柱体，但在安装中使挺杆中心线与凸轮中心线不相重合而具有一定的偏心量。这样，在工作时也可使挺杆绕其中心线产生一定的转动。

（3）筒形挺杆

如图 3-4-3（c）所示，挺杆外表面做成两端小，中间大的筒形。当挺杆在座孔中歪斜时，由于它的自定位作用，仍可保证凸轮型面全宽与挺杆表面相接触，从而可减小接触应力，并使磨损均匀。

平面挺杆由于结构简单质量轻，被广泛用于车用发动机上。

3. 液压挺杆

存在气门间隙的配气机构中，由于在高速运行时会产生很剧烈的振动和很大的噪声，为解决这一问题，有的发动机上会使用液压挺杆。

（1）液压挺杆的组成

液压挺杆主要由挺杆壳体、柱塞、球阀、柱塞弹簧、阀簧等组成，如图 3-4-4 所示。

在挺杆体中装有柱塞，柱塞上端压有球座作为推杆支承座，同时将柱塞内腔堵住。柱塞被柱塞弹簧压向上方其最上位置由卡圈来限制。柱塞下端的单向阀架内装有碟形弹簧，用以关闭单向阀。

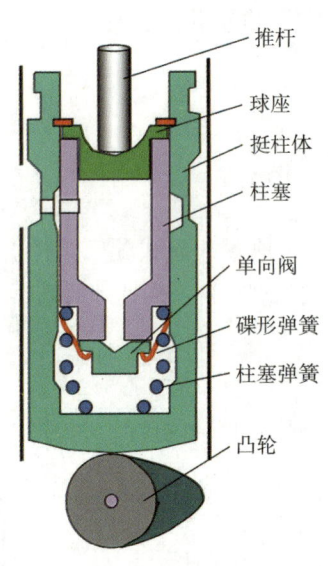

图 3-4-4　液压挺杆结构

（2）液压挺杆的工作原理

发动机工作时，机油沿主油道供到气门挺杆，并充满柱塞内腔及其下面的空腔。当气门关闭时，机油经挺杆体和柱塞上的油孔压进柱塞腔内，并推开单向阀，充入挺杆体腔内柱塞弹簧，使柱塞连同压合在柱塞中的球座紧靠着推杆，使配气机构的间隙消失。当凸轮转到工作面使挺杆上推时，挺杆作用于球座和柱塞的反力力图使柱塞克服柱塞弹簧的力相对于挺杆体向下移动，于是柱塞下部空腔内的油压迅速升高，使单向阀关闭。由于液体的不可压缩性，整个挺杆便像一个刚体一样，按凸轮的运动规律开闭气门。

当油压过高或者气门受热膨胀时，有少许油液依靠柱塞弹簧的作用，使柱塞向上运动，始终保持与推杆的接触，同时柱塞下部空腔产生真空度，于是，主油道的油压将再次推开单向阀，向挺杆体腔内充油，使再度充满整个挺杆内腔。

采用液压挺杆，消除了配气机构中的间隙，减小了各零件的冲击载荷和噪声，同时凸轮廓可设计得比较陡一些，使气门关闭更快，以减小进、排气阻力，改善发动机的换气，提高发动机的性能，特别是高速性能。

三、推杆

推杆的作用是将凸轮轴经挺杆传递的推力传给摇臂，如图3-4-5所示。为了减轻质量，推杆是一根细长空心杆，其上、下端压入或用电阻焊接经淬火和精加工的凹、凸球头，推杆的上、下两端均经热处理并磨光，以提高其耐磨性。

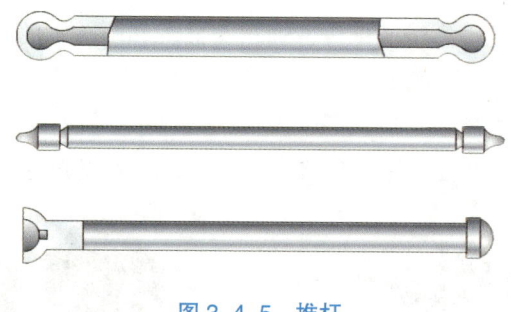

图3-4-5 推杆

四、摇臂和摇臂组

1. 摇臂的作用

摇臂的作用是改变推杆或凸轮传递的力的方向，作用到气门杆端以推开气门。摇臂的材料一般用中碳钢，也有的用球墨铸铁或合金铸铁。为了提高其耐磨性，摇臂的轴孔内镶有青铜衬套或装有滚针轴承与摇臂轴配合转动，有些高速发动机摇臂采用轻质合金铸铝，圆弧面上堆焊一层耐磨合金。

2. 摇臂的组成

摇臂实际是一个双臂杠杆，如图3-4-6所示。摇臂一般制成不等长的，其中长臂一端用来推动气门。摇臂的短臂上带有螺纹孔，拧入调整螺钉。调整螺钉上带有锁紧螺母，螺钉的球面端头与推杆顶端球座接触，以调整配气机构的气门间隙。

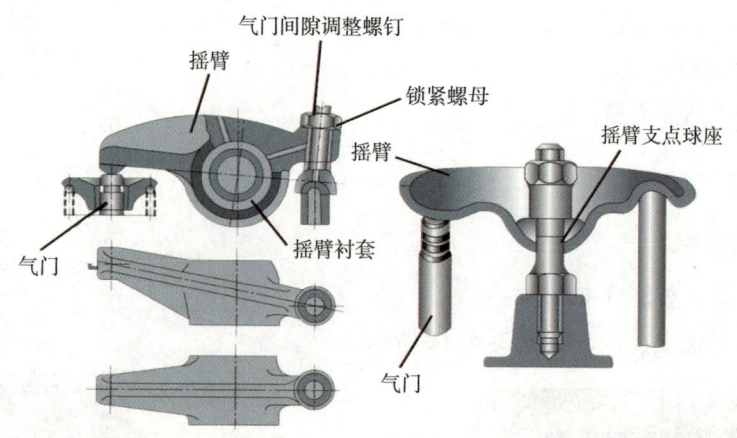

图3-4-6 摇臂的组成

由于摇臂与气门杆尾端接触部分的接触应力高，且相对滑移，因此，磨损严重，为此在该部分常堆焊耐磨合金，或将该部分做成圆弧面状。摇臂内还钻有润滑油道和油孔。

3. 摇臂组的结构和工作原理

如图3-4-6所示，摇臂通过摇臂轴支承在摇臂轴支座上，摇臂支座安装在汽缸盖上。摇臂与推杆端、摇臂轴间的润滑可采用来自挺杆座、挺杆、推杆、摇臂内油道或来自汽缸体、汽缸盖、摇臂内孔的压力机油润滑。为了防止摇臂的窜动,在摇臂轴上每两摇臂之间都装有弹簧。摇臂轴为空心管状结构,用碳钢制成,它的工作面一般都经过表面火处理,因为表面火处理以提高其耐磨性。

五、正时齿形带和张紧轮

1. 正时齿形带

正时齿形带是气门传动组的重要组成部分,通过与曲轴和凸轮轴的连接并配合一定的传动比来保证进、排气时间的精确,如图3-4-7所示。

2. 张紧轮

张紧轮主要对发动机正时齿形带起导向和张紧作用,如图3-4-8所示。

图 3-4-7 正时齿形带

图 3-4-8 张紧轮

任务实施

一、前期准备

安全防护:实训着装、完成设备防护及场地准备。
工具设备:防护用品、常用拆装工具、测量工具等。
实训设备:某轿车LDE发动机台架。
辅助资料:维修手册、教材。

二、操作项目

1. 拆卸气门传动组

(1)拆下气门盖罩,如图3-4-9所示。
(2)拆下正时齿形带上前盖,如图3-4-10所示。

图 3-4-9 拆下气门盖罩

图 3-4-10 拆下正时齿形带上前盖

（3）拆下正时齿形带中前盖，如图3-4-11所示。

（4）拆下正时齿形带下前盖，如图3-4-12所示。

图3-4-11 拆下正时齿形带中前盖

图3-4-12 拆下正时齿形带下前盖

（5）将正时专用工具安装到凸轮轴位置执行器调节器中，如图3-4-13、图3-4-14所示。

图3-4-13 安装正时专用工具1

图3-4-14 安装正时专用工具2

（6）拆下正时齿形带张紧器，如图3-4-15所示。

（7）取下正时齿形带，如图3-4-16所示。

图3-4-15 拆下正时齿形带张紧器

图3-4-16 取下正时齿形带

（8）拆下进气凸轮轴调节器和排气凸轮轴调节器，如图3-4-17所示。

（9）拆下正时齿形带后盖，如图3-4-18所示。

图 3-4-17　拆下进气凸轮轴调节器和排气凸轮轴调节器

图 3-4-18　拆下正时齿形带后盖

（10）拆下凸轮轴 1 号轴承盖及油封，如图 3-4-19、图 3-4-20 所示。

图 3-4-19　拆下凸轮轴 1 号轴承盖

图 3-4-20　拆下油封

（11）拆下其余轴承盖，并按顺序摆放整齐，取下进排气凸轮轴，如图 3-4-21、图 3-4-22 所示。

图 3-4-21　拆下轴承盖

图 3-4-22　取下凸轮轴

（12）用吸棒取下 16 个气门挺柱，按顺序摆放整齐，如图 3-4-23、图 3-4-24 所示。

图 3-4-23　取下气门挺柱

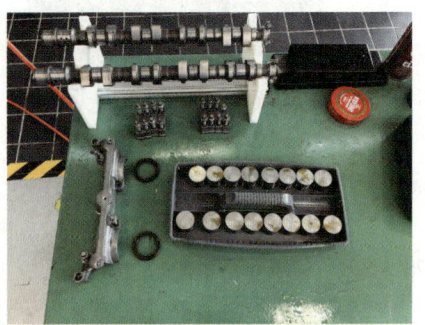
图 3-4-24　按顺序摆放

2. 检修气门传动组

（1）检查凸轮位置。汽缸进气侧凸轮和汽缸排气侧凸轮位于顶部且略微向内倾斜相同角度，如图3-4-25所示。

（2）检查气门间隙，如图3-4-26所示。进气门0.21~0.29mm（标称值为0.25mm），排气门0.27~0.35mm（标称值为0.3mm）。

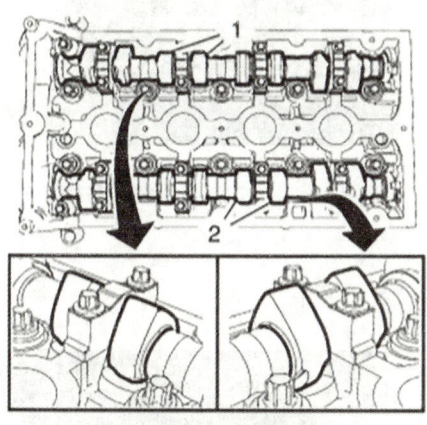

1-进气侧凸轮；2-排气侧凸轮

图3-4-25　凸轮的位置

图3-4-26　检查气门间隙

（3）测量完毕后，清洁被测量部位和测量工具。

3. 安装气门传动组

（1）安装挺柱，如图3-4-27所示。

图3-4-27　安装挺柱

（2）安装进排气凸轮轴，安装轴承盖，如图3-4-28、图3-4-29所示。

图3-4-28　安装凸轮轴

图3-4-29　安装轴承盖

（3）安装油封及凸轮轴1号轴承盖，如图3-4-30、图3-4-31所示。

图3-4-30　安装油封

图3-4-31　安装凸轮轴1号轴承盖

（4）安装正时齿形带后盖，如图3-4-32所示。

（5）安装进气凸轮轴调节器和排气凸轮轴调节器，如图3-4-33所示。

图3-4-32　安装正时齿形带后盖

图3-4-33　安装进气凸轮轴调节器和排气凸轮轴调节器

（6）安装正时齿形带及正时齿形带张紧器，如图3-4-34所示。

（7）安装正时齿形带下前盖，如图3-4-35所示。

图3-4-34　安装正时齿形带及正时齿形带张紧器

图3-4-35　安装正时齿形带下前盖

（8）安装正时齿形带中前盖，如图3-4-36所示。

（9）安装正时齿形带上前盖，如图3-4-37所示。

图 3-4-36　安装正时齿形带中前盖

图 3-4-37　安装正时齿形带上前盖

（10）安装正时齿形带上前盖，如图 3-4-38 所示。

（11）安装气门盖罩，如图 3-4-39 所示。

图 3-4-38　安装正时齿形带上前盖

图 3-4-39　安装气门盖罩

（12）整理场地。

三、任务记录表

拆卸气门传动组为（　　）缸（　　）组。

1. 目视检查记录表

项目	检查凸轮位置
检查结论	
结果判断及处理	

2. 气门间隙检测记录表

测量及结果＼项目	进气门	排气门
测量值（mm）		
结果判断及处理		

四、任务考核

气门传动组的拆装与检修评分标准。

序号	作业项目	考核内容	配分	评分标准	扣分	得分
1	前期准备	清理工位及工位布置，清点工量具，设备的外观检查	5	未清理工位扣1分，未清点工量具扣1分，未对设备进行外观和安全检查扣3分		
2	零部件拆卸	能否正确按照维修手册的要求进行拆卸并按照规定摆放	15	未按照维修手册进行拆卸工作，每次扣2分		
3	零部件清洁	能否正确按照维修手册的要求进行零件的清洁	10	每一个元件未按照维修手册要求进行清洁扣2分		
4	零部件检测	能否正确利用维修资料完成零部件的检测，并分析得出结论和维修建议	20	不能正确利用维修资料完成零部件的检测每项扣5分，测量条件不正确每一次扣5分，结论或维修建议错误每次扣5分		
5	零部件安装	能否正确按照维修手册的要求进行安装并按照规定进行紧固	20	未按照维修手册进行安装工作（包括紧固角度、扭矩值错误等），每次扣2分。		
6	记录表填写	测量值填写是否正确、完整	10	测量值填写错误、不完整，每项扣2分		
7	维修资料使用	能否正确使用维修资料	10	不会使用维修资料扣10分，使用不熟练扣5分		
8	6S 现场管理	遵守实训室安全操作规范，正确使用工量具，无人身伤害和设备损坏	10	每单项扣2分，扣完为止。因违规操作发生人身伤害和设备损坏，此项不得分		
	合计		100			

项目测评

一、填空题

1. 配气机构按凸轮轴布置的位置分为 _____ 、_____ 和 _____ 三种类型。
2. 配气机构按凸轮轴的传动方式分 _____ 、_____ 和 _____ 三种类型。
3. 配气机构一般是由 _____ 和 _____ 组成。
4. 气门组由 _____ 、_____ 和 _____ 等组成。
5. 气门头部的形状一般有 _____ 、_____ 和 _____ 三种。
6. 当每个汽缸有两个气门时，一般进气头部直径比排气门头部直径 _____ 。

二、单项选择题

1. 下列零件属于气门组的是（　　）。
   A．气门弹簧　　　　　B．气门　　　　　C．气门弹簧座　　　　　D．挺柱
2. 下列零件属于气门传动组的是（　　）。
   A．气门弹簧　　　　　B．气门　　　　　C．气门弹簧座　　　　　D．挺柱
3. 下面哪种凸轮轴布置型式最适合高速发动机（　　）。
   A．凸轮轴下置式　　　B．凸轮轴中置式　　C．凸轮轴上置式
4. 连接曲轴和凸轮轴，并配合一定的传动比来保证进、排气时间准确的零件是（　　）。
   A．活塞　　　　　　　B．正时带　　　　　C．挺柱　　　　　D．气门
5. 配气机构运行的动力是由（　　）提供的。

A．飞轮　　　　　B．气门弹簧　　　　C．曲轴　　　　　D．蓄电池
6.对发动机正时带起导向和张紧作用的零件是（　　）。
A．正时带　　　　B．正时带张紧轮　　C．曲轴正时带轮　D．凸轮轴正时齿轮

三、判断题（对的画"√"，错的画"×"）

1.通过凸轮轴控制气门的开闭时刻。　　　　　　　　　　　　　　　　（　　）
2.液压挺柱可以实现气门间隙自动补偿。　　　　　　　　　　　　　　（　　）
3.气门与座圈的密封圈宽度越大越好。　　　　　　　　　　　　　　　（　　）
4.气门座主要起密封和散热的作用。　　　　　　　　　　　　　　　　（　　）
5.配气相位图指进、排气门的实际开闭时刻和开启过程。　　　　　　　（　　）
6.气门的最大升程以及升降过程中的运动规律，是由凸轮的转速决定的。（　　）

四、简答题

1.配气机构的功用是什么？
2.什么是干式汽缸套、湿式汽缸套？各有什么样的特点？
3.气门的作用是什么？如何对气门进行检测？
4.为防止共振，气门弹簧的设计一般采用哪些措施？
5.简述气门组的拆装流程。
6.简述气门传动组的拆装过程。

项目四　燃油供给系统的构造与拆装

学习目标

知识目标：
- 掌握汽油发动机燃油供给系统的作用、组成、结构和工作原理。
- 掌握汽油发动机燃油供给系统主要部件的结构及工作原理。
- 掌握电控汽油发动机燃油喷射系统的组成、作用和基本工作原理。

技能目标：
- 能够在实车或台架上快速准确地找到燃油供给系统各部件的位置。
- 能够选择和使用正确的拆装工具拆装燃油供给系统主要部件。
- 能够根据维修手册正确对燃油供给系统主要部件进行检修。

职业素养目标：
- 严谨的科学态度和精益求精的学习作风。
- 及时反思总结，在训练中积累经验。
- 养成良好的团队合作能力。
- 严格执行6S现场管理（SEIRI——整理、SEITON——整顿、SEISO——清扫、SEIKETSU——清洁、SHITSUKE——素养、SECURITY——安全），养成良好的职业习惯。

任务一　认知燃油供给系统

任务引入

某轿车发动机怠速过高，燃油消耗增加，发动机排放超标，经初步检查，判断是发动机燃油供给系统出现故障，需进行拆卸维修。如果你是该项目的维修技师，那么你知道燃油供给系统的构造吗？

背景知识

一、燃油供给系统的作用

燃油供给系统的作用是根据发动机运转工况的需要，向发动机供给一定数量和浓度的、清洁的、雾化良好的燃油，以便与一定量的空气混合形成可燃混合气。燃油供给系统工况的好坏直接影响汽车的动力性、经济性和环保性。

二、燃油供给系统的分类

根据可燃混合气形成原理的不同，汽油机燃油供给系统可分为化油器式燃油供给系统和电控喷射式燃油供给系统。因为传统化油器式燃油供给系统已经不能满足现代汽车节能减排的发展要求而被逐渐淘汰，所以目前轿车发动机广泛采用电控喷射式燃油供给系统。

三、燃油供给系统的组成

燃油供给系统由油箱、电动汽油泵、汽油滤清器、油管、燃油共轨（燃油分配管）、燃油压力调节器与喷油器等组成，如图4-1-1所示。

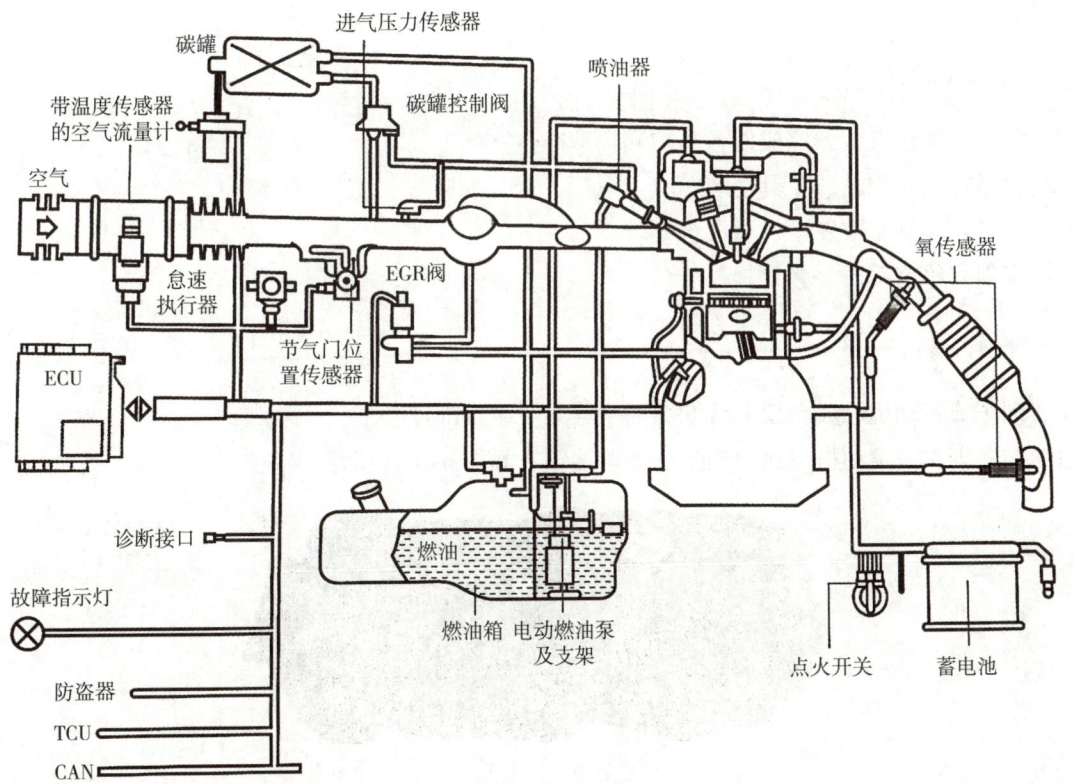

图4-1-1 燃油供给系统的组成

四、燃油供给系统的工作原理

如图4-1-2所示，汽油被电动汽油泵从燃油箱中泵出并加压，经燃油滤清器过滤后输送至燃油分配管，在燃油压力调节器的作用下，油压与进气歧管内气压差始终保持恒定，ECU控制喷油器适时开启，将定量定压的汽油喷入进气歧管，多余的汽油经回油管回到燃油箱。

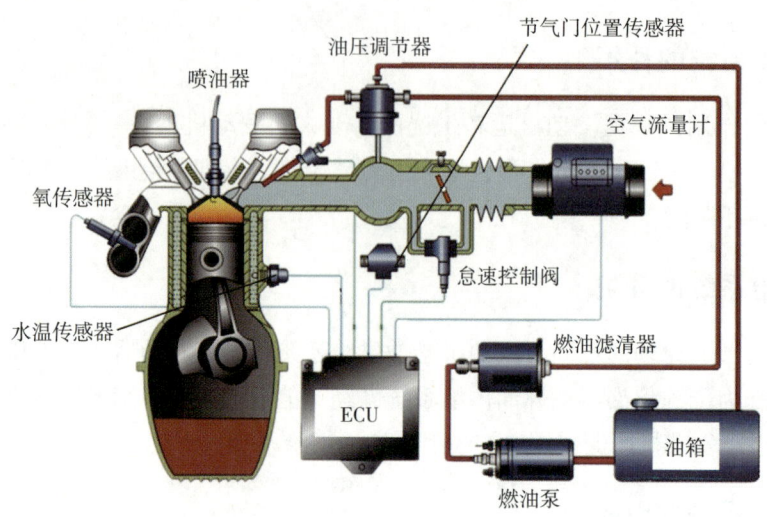

图 4-1-2　燃油供给系统的工作原理

任务实施

一、前期准备

安全防护：实训着装、完成设备防护和场地准备。
工具设备：防护用品、工具套装等。
实训设备：实训车或发动机总成台架。
辅助资料：维修手册、教材。

二、操作项目

在实训车或发动机总成台架上认知燃油供给系统主要部件。
（1）在实训车或发动机总成台架上认知燃油箱，如图 4-1-3 所示。

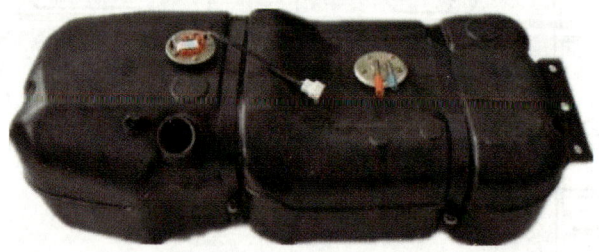

图 4-1-3　燃油箱

（2）在实训车或发动机总成台架上认知电动汽油泵，如图 4-1-4 所示。
（3）在实训车或发动机总成台架上认知汽油滤清器，如图 4-1-5 所示。

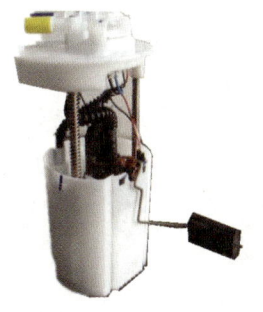 

图 4-1-4　电动汽油泵　　　　　图 4-1-5　汽油滤清器

（4）在实训车或发动机总成台架上认知燃油共轨（燃油分配管），如图 4-1-6 所示。

（5）在实训车或发动机总成台架上认知燃油压力调节器，如图 4-1-7 所示。

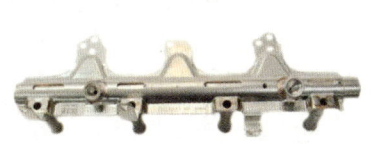 

图 4-1-6　燃油共轨（燃油分配管）　　　图 4-1-7　燃油压力调节器

（6）在实训车或发动机总成台架上认知喷油器及油管等部件，如图 4-1-8 所示。

图 4-1-8　喷油器

三、任务考核

认知燃油供给系统评分标准。

序号	作业项目	考核内容	配分	评分标准	扣分	得分
1	前期准备	清理工位及工位布置，设备的外观检查	10	未清理工位扣 5 分，未对设备进行外观和安全检查扣 5 分		
2	认知燃油供给系统部件	能否快速找到并认知油箱 能否快速找到并认知电动汽油泵 能否快速找到并认知汽油滤清器 能否快速找到并认知燃油共轨（燃油分配管） 能否快速找到并认知燃油压力调节器 能否快速找到并认知喷油器及油管	60	不能快速找到并准确说出燃油供给系统部件名称每次扣 10 分		

续表

序号	作业项目	考核内容	配分	评分标准	扣分	得分
3	维修资料使用	能否正确使用维修资料	10	不会使用维修资料扣10分，使用不熟练扣5分		
4	6S 现场管理	遵守实训室安全操作规范，无人身伤害和设备损坏	20	每单项扣5分，扣完为止。因违规操作发生人身伤害和设备损坏，此项不得分		
	合计		100			

任务二　燃油供给系统的拆装与检修

任务引入

某轿车冷车起动困难，急速不稳，运转无力，加速失速，发动机回火，排气管放炮，经初步检查，判断是燃油供给系统出现故障，需进行拆卸维修。如果你是该项目的维修技师，那么你知道怎么操作吗？

背景知识

燃油供给系统由油箱、电动汽油泵、汽油滤清器、油管、燃油共轨（燃油分配管）、燃油压力调节器与喷油器等组成。

一、油箱

1. 油箱的作用

油箱用以储存汽油，汽油箱的数目及容量随车型而异，普通汽车具有一个油箱，越野车则常有主、副两个油箱，油箱的典型结构如图 4-2-1 所示。一般汽车汽油箱储存的燃油可供汽车行驶的里程为 200~600km。轿车的汽油箱装在车身的后部。

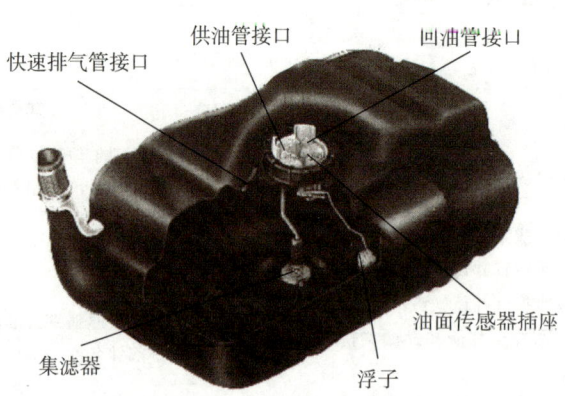

图 4-2-1　油箱的典型结构

2. 油箱的分类

油箱有整体式油箱和分离式油箱两种。整体式油箱利用主机的内腔作为油箱，这种油箱结集滤器构紧凑，各处漏油易于回收，但增加了设计和制造的复杂性，维修不便，散热条件不好，且会使主机产生热变形。分离式油箱单独设置，与主机分开，减少了油箱发热和液压源振动对主机工作精度的影响，因此得到了普遍的采用，特别在精密机械上。

二、电动汽油泵

1. 电动汽油泵的作用

电动汽油泵从油箱中吸入燃油加压后通过喷油器供给发动机。

2. 电动汽油泵的分类

根据结构形式的不同，电动汽油泵分为滚柱式和涡轮式电动汽油泵，目前轿车电动汽油泵一般都采用涡轮式。

（1）滚柱式电动汽油泵

滚柱式电动汽油泵一般情况下多是外装串联式。滚柱式电动汽油泵主要由燃油泵电动机、滚柱式燃油泵、出油阀、卸压阀等组成，如图4-2-2所示。

当转子旋转时，位于转子槽内的滚柱在离心力的作用下，紧压在泵体内表面上，对周围起密封作用，在相邻两个滚柱之间形成工作腔。在燃油泵运转过程中，工作腔转过出油口后，其容积不断增大，形成一定的真空度，当转到与进油口连通时，将燃油吸入；而吸满燃油的工作腔转过进油口后，容积不断减小，使燃油压力提高，受压燃油流过电动机，从出油口输出。

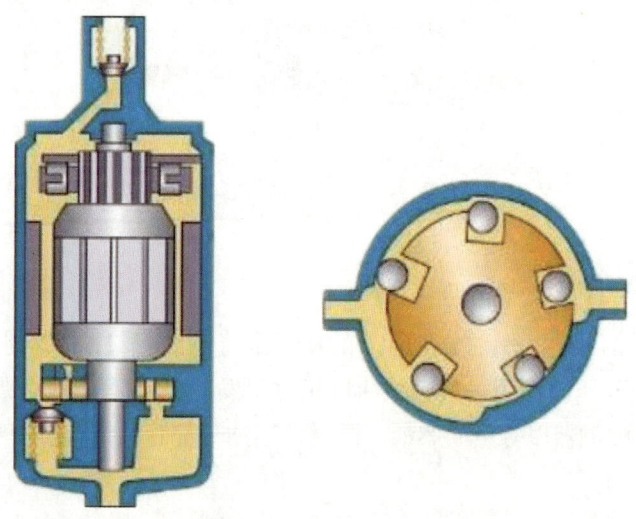

图4-2-2 滚柱式电动汽油泵

（2）涡轮式电动汽油泵

涡轮式电动汽油泵多为内装式。如图4-2-3所示，油泵电动机通电时，电动机驱动涡轮泵叶片旋转，由于离心力的作用，使叶轮周围小槽内的叶片贴紧泵壳，将燃油从进油室带往出油室。由于进油室的燃油不断增多，形成一定的真空度，将燃油从进油口吸入；而出油室燃油不断增多，燃油压力升高，当达到一定值时，会顶开出油阀，使燃油从出油口输出。出油阀在油泵不工作时阻止燃油流回油箱，保持油路中有一定的压力，便于下次起动。

涡轮式电动汽油泵具有泵油量大、泵油压力较高、供油压力稳定、运转噪声小、使用寿命长等优点。此外，由于涡轮式电动机不需要消声器所以可以小型化，因此广泛地应用在轿车上。

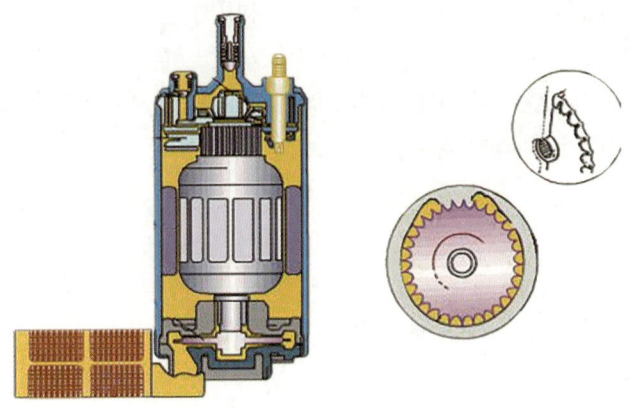

图 4-2-3　涡轮式电动汽油泵

三、汽油滤清器

汽油滤清器主要由滤纸、密封圈、回流抑制阀、溢流阀等组成，可以滤除燃油中的氧化铁、粉尘等固体夹杂物，防止燃料系统堵塞，减小系统的机械磨损，确保发动机稳定运转，提高工作可靠性。汽油滤清器具有过滤效率高、寿命长、压力损失小、耐压性能好、体积小、质量轻等性能。滤芯阻塞时，将使油压下降、起动困难、发动机功率降低，故应按规定更换汽油滤清器。如图 4-2-4 所示，汽油滤清器上标有汽油流动方向，安装时要注意安装方向，不能装反。

图 4-2-4　汽油滤清器朝向标记

四、燃油共轨（燃油分配管）

如图 4-2-5 所示，燃油共轨（燃油分配管）的作用是将燃油均匀、等压地分配给各个喷油器。此外，燃油共轨还具有储油蓄压的作用，其容积质量相对于发动机循环喷油量要大很多，以防止燃油压力的波动，这样可供给各喷油器以等量的燃油。同时，燃油分配管的结构应使喷油器的安装不复杂。

图 4-2-5　燃油共轨（燃油分配管）

五、燃油压力调节器

1. 燃油压力调节器的作用和结构

燃油压力调节器是保证各工况喷油压力恒定，即供油总管内油压与进气歧管内压力差保持恒定。

燃油压力调节器的结构如图4-2-6所示，由上、下壳体、膜片、弹簧、进油管、回油管、真空管、阀等组成，分为弹簧式和燃油室两部分。

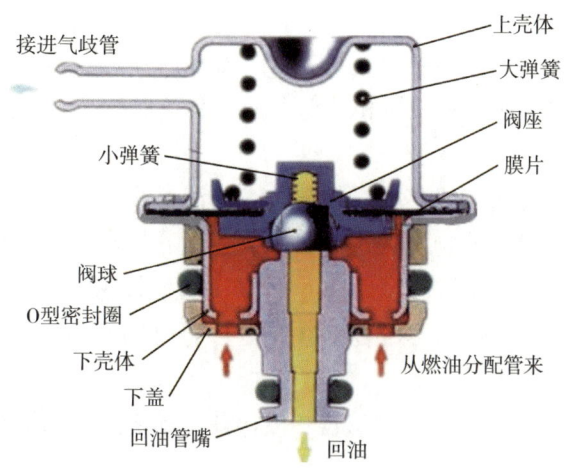

图4-2-6 燃油压力调节器结构

2. 燃油压力调节器工作原理

如图4-2-6所示，来自输油管路中的高压油由入口进入并充满燃油室，推动膜片，打开阀门在设定压力下和弹簧力平衡，部分燃油经回油管流回油箱，输油管内压力的大小取决于膜片弹簧的压力。由于燃油压力调节器的弹簧室和发动机进气管相通，进气歧管的真空度作用于调压器的膜片弹簧一侧，从而减弱了作用在膜片上的弹簧力，使回油量增加，燃油压力降低，即在进气歧管真空度增加时，喷油压力减小，但总体上，油压和进气歧管的真空度保持不变，即喷油器处压差恒定。油泵停止工作时，在弹簧力的作用下使阀关闭。这样，油泵内的单向阀和压力调节器内的阀门使油路中残留压力保持不变，一般使用的压力调节器，设定压力为250 kPa左右。

六、喷油器

1. 喷油器的作用

喷油器俗称为喷油嘴，是供油系统中最重要的部件。它实质是一个电磁阀，当ECU发出指令后，电磁线圈通电使针阀打开，将汽油以良好的雾化状态喷入进气管，和空气形成良好的可燃混合气。

2. 喷油器的组成

现代轿车发动机装备的燃油喷射系统大多采用电磁式喷油器，主要由滤网、回位弹簧、电磁线圈、针阀和衔铁等组成。特点是轴针可使燃油呈环状喷出，有利于雾化，针阀在喷口中往复运动，不易引起喷口堵塞，如图4-2-7所示。

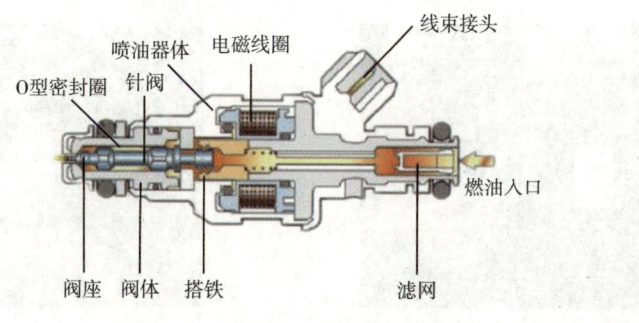

图4-2-7 喷油器结构

3. 喷油器分类

（1）按照进油位置分为上进油式喷油器、下进油式喷油器。

（2）按照喷油孔形式分为针型喷油器、孔型喷油器。

（3）按照驱动方式分为电压控制式喷油器和电流控制式喷油器。

（4）按阻值不同可分为低电阻型喷油器和高电阻型喷油器。

4. 喷油器的工作原理

如图 4-2-7 所示，喷油器通过绝缘热圈安装在进气歧管或进气道附近的汽缸盖上，根据 ECU 发出的喷油脉冲信号将电磁线圈接通，在电磁线圈磁场的作用下，针阀克服弹簧力而升起，向进气歧管或总管喷射汽油。当 ECU 将电路切断时，吸力消失，回位弹簧使针阀复位，关闭喷油器，停止喷油。在喷油器的结构和喷油压力一定时，喷油器的喷油量取决于针阀的开取时间，即电磁阀的通电时间。

5. 喷油器要求

（1）具有良好的雾化能力和适当的喷雾形状，以保证发动机的冷起动性、怠速稳定性，并满足降低排放污染的要求。

（2）具有良好的流量特性，以适应于多种排量发动机的使用。

（3）具有良好的防积碳功能。

（4）使用寿命长。

（5）结构简单。

任务实施

一、前期准备

安全防护：实训着装、完成设备防护和场地准备。

工具设备：防护用品、常用拆装工具、测量工具等。

实训设备：实训车或发动机总成台架。

辅助资料：维修手册、教材。

二、操作项目

1. 电动汽油泵的拆装与检测

（1）关闭点火开关，拆下蓄电池负极线，如图 4-2-8 所示。

（2）使用专用设备抽取汽油箱里的汽油，拆下位于行李箱内地毯下的汽油箱密封凸缘的盖板，如图 4-2-9 所示。

图 4-2-8 拆下蓄电池负极线

图 4-2-9 拆下汽油箱密封凸缘盖板

（3）从密封凸缘上拔下进油管、回油管、通气管和导线接头，如图4-2-10所示。

（4）从汽油箱开口处拉出密封凸缘，如图4-2-11所示。

图4-2-10　拆下进油管、回油管、通气管和导线接头

图4-2-11　拉出密封凸缘

（5）取出橡胶密封件，如图4-2-12所示。

（6）取出燃油泵总成，如图4-2-13所示。

图4-2-12　取出橡胶密封件

图4-2-13　取出燃油泵总成

（7）检修电动汽油泵。

（8）目测检查发现燃油泵壳体是否有裂纹。如果燃油泵壳体有裂纹，导致燃油管路里面油压不足，发动机无法起动，应更换燃油泵。

（9）将万用表拨于电阻挡位进行校零，如图4-2-14所示。

（10）用万用表电阻挡测量电动汽油泵上两个接线端子间的电阻，即为电动汽油泵直流电动机线圈的电阻，其阻值应为0.2~3Ω（20℃时），如图4-2-15所示。如果电阻值不符，则须更换电动汽油泵。

图4-2-14　万用表校零

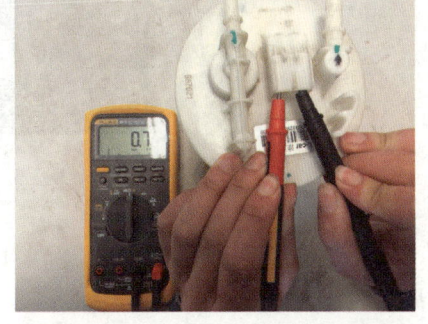

图4-2-15　测量电动汽油泵电阻

（11）安装电动汽油泵。

（12）将新的燃油泵总成放入汽油箱内，如图4-2-16所示。

（13）在汽油箱开口上安装好密封圈，安装密封圈时用汽油将密封圈润湿。安装密封凸缘，密封凸缘上的箭头必须对准汽油箱上的箭头，如图4-2-17所示。

图4-2-16　安装燃油泵总成

图4-2-17　安装密封凸缘大螺母

（14）接上密封凸缘上部的输油管、回油管、通气管和导线插头，如图4-2-18所示。

（15）装上汽油箱密封凸缘的盖板，如图4-2-19所示。

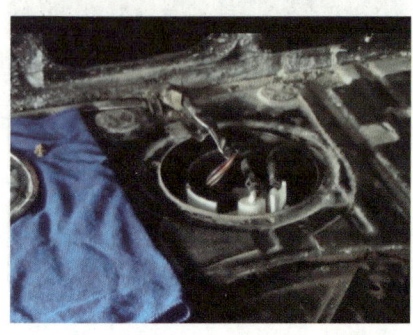

图4-2-18　接上输油管、回油管、通气管和导线插头

图4-2-19　装上汽油箱密封凸缘的盖板

（16）装上后备箱地毯，安装蓄电池负极线，如图4-2-20所示。

图4-2-20　安装蓄电池负极

（17）整理场地。

2. 喷油器的拆装与检测

导学视频

（1）关闭点火开关，断开蓄电池负极，排出燃油管路里的汽油，清洁喷油器周围，如图4-2-21所示。

（2）拔下4个喷油器的线束接插头，如图4-2-22所示。

图 4-2-21　清洁发动机喷油器周围

图 4-2-22　拔下 4 个喷油器的线束接插头

（3）拆下进油管，如图 4-2-23 所示。

（4）取下燃油分配管总成，如图 4-2-24 所示。

图 4-2-23　拆下进油管

图 4-2-24　取下燃油分配管总成

（5）拆下喷油器插销，如图 4-2-25 所示。

（6）拆下喷油器，并按顺序安放 4 个喷油器，如图 4-2-26 所示。

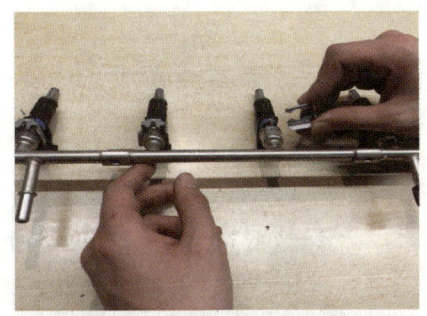
图 4-2-25　拆下喷油器插销

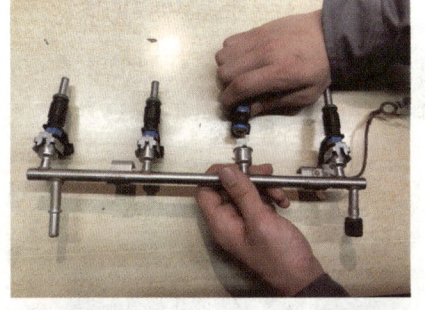
图 4-2-26　拆下喷油器

（7）检修喷油器，将万用表拨于电阻挡位进行校零，如图 4-2-27 所示。

（8）用万用表电阻挡检测喷油器电磁线圈的阻值。检测时，拔下每只喷油器上的两端子线束插头，检测喷油器插座上两端子之间的电磁线圈阻值（正常值为 15~20Ω），如图 4-2-28 所示。如果阻值为无穷大，则说明电磁线圈断路，应予更换喷油器。

图 4-2-27　万用表校零　　　　　　图 4-2-28　检测喷油器电磁线圈

（9）安装喷油器，清洁喷油器，目测检查喷油器后发现一个喷油器喷嘴锈蚀堵塞，初步诊断为因喷油器不喷油导致发动机怠速不稳、起动困难。

（10）更换新的喷油器，润滑喷油器 O 型密封圈，如图 4-2-29 所示。

（11）安装喷油器，如图 4-2-30 所示。

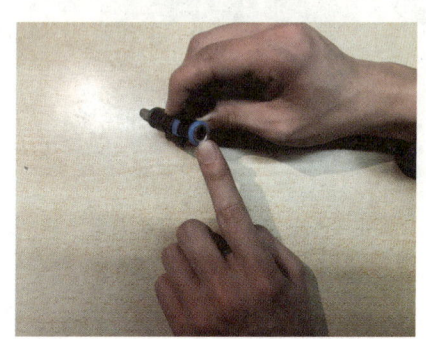 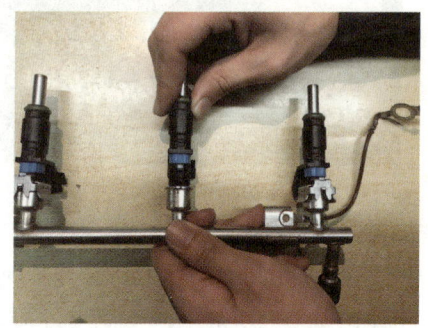

图 4-2-29　润滑 O 型密封圈　　　　　　图 4-2-30　安装喷油器

（12）润滑 4 个喷油器的 O 型密封圈，安装燃油分配管总成，如图 4-2-31 所示。

（13）安装进油管，如图 4-2-32 所示。

图 4-2-31　安装燃油分配管总成　　　　　　图 4-2-32　安装进油管

（14）安装并紧固蓄电池负极，如图 4-2-33 所示。

图 4-2-33　紧固蓄电池负极

（15）整理场地。

3. 更换燃油滤清器

（1）用专用夹子拔下电动汽油泵熔断丝，如图 4-2-34 所示。

（2）起动发动机 2~3 次，释放燃油系统管路压力。压力释放完成后，装回燃油泵熔断丝。

（3）用举升机将车辆举升至最高位置，如图 4-2-35 所示。

图 4-2-34　拔下燃油泵熔断丝　　　　　图 4-2-35　将车辆举升至最高位置

（4）用右手拇指顶在燃油滤清器底部，左手慢慢松开燃油滤清器稳定支架，如图 4-2-36 所示。

（5）松开夹箍，拔下燃油滤清器的油管，如图 4-2-37 所示。拆卸时应使用一块抹布，防止剩余的汽油滴落。

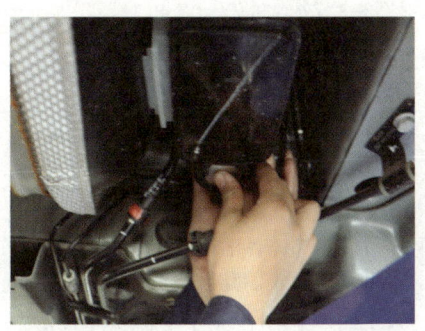 

图 4-2-36　松开燃油滤清器稳定支架　　　　图 4-2-37　拔下燃油滤清器的油管

（6）取下旧的燃油滤清器，如图 4-2-38 所示。

（7）将新的燃油滤清器与油管相连接，如图 4-2-39 所示。

图 4-2-38 取下旧燃油滤清器

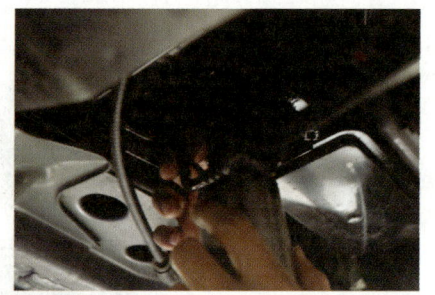
图 4-2-39 将新的燃油滤清器与油管相连接

（8）将新的燃油滤清器推进燃油滤清器支架，如图 4-2-40 所示。

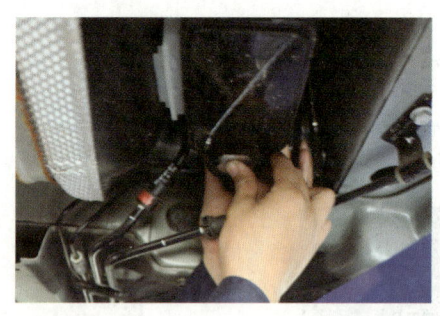
图 4-2-40 安装新燃油滤清器

（9）起动发动机，检查燃油滤清器连接管路是否有漏油现象。
（10）整理场地。

三、任务考核

燃油供给系统拆装与检修评分标准。

序号	作业项目	考核内容	配分	评分标准	扣分	得分
1	前期准备	清理工位及工位布置，清点工量具，设备的外观检查	5	未清理工位扣1分，未清点工量具扣1分，未对设备进行外观和安全检查扣3分		
2	零部件拆卸	能否正确按照维修手册的要求进行拆卸并按照规定摆放	15	未按照维修手册进行拆卸工作，每次扣2分		
3	零部件清洁	能否正确按照维修手册的要求进行零件的清洁	10	每一个元件未按照维修手册要求进行清洁扣2分		
4	零部件检测	能否正确利用维修资料完成零部件的检测，并分析得出结论和维修建议	20	不能正确利用维修资料完成零部件的检测每项扣5分，测量条件不正确每一次扣5分，结论或维修建议错误每次扣5分		
5	零部件安装	能否正确按照维修手册的要求进行安装并按照规定进行紧固	20	未按照维修手册进行安装工作（包括紧固角度、扭矩值错误等），每次扣2分		
6	记录表填写	测量值填写是否正确、完整	10	测量值填写错误、不完整，每项扣2分		
7	维修资料使用	能否正确使用维修资料	10	不会使用维修资料扣10分，使用不熟练扣5分		
8	6S 现场管理	遵守实训室安全操作规范，正确使用工量具，无人身伤害和设备损坏	10	每单项扣2分，扣完为止。因违规操作发生人身伤害和设备损坏，此项不得分		
		合计	100			

任务三　　电控汽油喷射系统的拆装与检修

任务引入

某轿车发动机起动后熄火，再次起动时无法起动，经初步检查，判断是电控汽油喷射系统出现故障，需进行检测维修。如果你是该项目的维修技师，那么你知道该如何做吗？

背景知识

一、电控汽油喷射系统的分类

1. 按喷射方式分类

（1）连续喷射式

连续喷射式又称稳定喷射，在发动机运转期间是连续喷射汽油，如博世公司的 K-Jetronic 系统和 KE-Jetronic 系统。连续喷射都是喷入进气歧管内的，而且大部分汽油是在进气门关闭时喷射的，因此大部分汽油是在进入歧管内蒸发的。由于连续喷射系统不需要考虑发动机的工作顺序及喷油时机，故控制系统比较简单。

（2）间歇喷射式

间歇喷射式又称脉冲喷射，喷射是以脉冲的方式在某一段时间内进行的，因此有一定的喷油持续时间。间歇喷射的特点是喷油频率与发动机转速同步，且喷油量取决于喷油器的开启时间。故 ECU 可根据各传感器所获得的发动机运转参数动态变化的情况，精确计量发动机所需喷油量，在由控制脉冲宽度而得到各种工作状况的空燃比。间歇喷射又分为同步喷射、分组喷射、顺序喷射、变动喷射和混合喷射。

2. 按汽油喷射位置分类

在发动机电子控制系统中，按喷油器的喷射部位进行分类，又可分为缸内喷射和缸外射两种形式。

（1）缸内喷射

如图 4-3-1 所示，它是将喷油器安装于缸盖上直接向缸内喷油，因此需要较高的喷油压力（3~12 MPa）。由于喷油压力较高，故对供油系统的要求较高，成本也相应较高。同时由于要求喷出的汽油能分布到整个燃烧室，故缸内喷油器的布置及气流组织方向比较复杂，同时发动机设计时需保留喷油器的安装位置，使发动机的结构设计受到限制，需要优化设计。

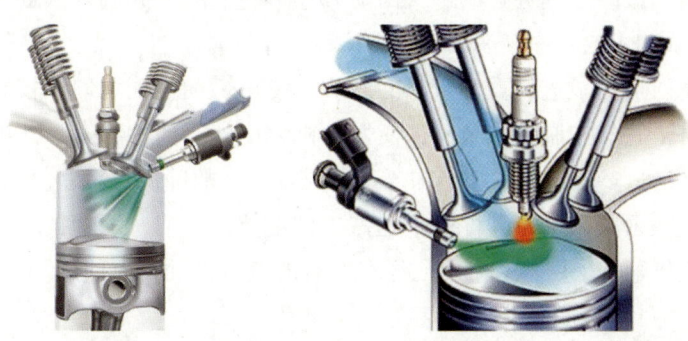

图 4-3-1　缸内喷射

（2）缸外喷射

如图4-3-2所示，它是指在进气歧管内喷射或进气门前喷射。在该方式中，喷油器被安装于进气歧管内或进气门附近，故汽油在进气过程中被喷射后与空气混合形成可燃混合气再进入汽缸内。理论上，喷射时刻设计在各缸排气行程上止点前70°左右为佳。喷射方式可以是连续喷射或间歇喷射。

相比而言，由于缸外喷射方式汽油的喷油压力（0.1~0.5 MPa）不高，且结构简单，成本较低，故目前应用较为广泛。

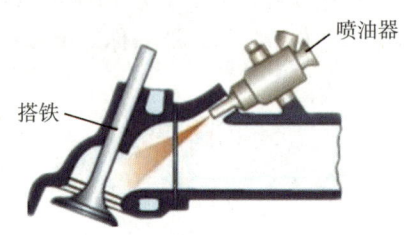

图4-3-2　缸外喷射

3. 按照喷油器的数目分类

在发动机燃油喷射控制系统中，按喷油器数目进行分类，又可分为单点喷射（Single-Point Injection，SPI）和多点喷射（MultiPoint Injection，MPI）两种形式。

多点喷射与单点喷射的区别如图4-3-3所示。

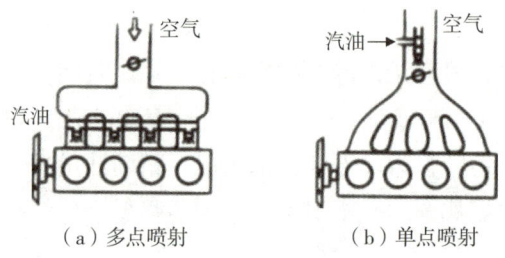

图4-3-3　多点喷射与单点喷射的区别

（1）单点喷射（SPI）

只有单一喷油嘴，由于进入各缸的喷油量不均匀，导致燃烧效果差。单点喷射在现在汽车中以很少使用，故不做介绍。

（2）多点喷射（MPI）

多点喷射系统是在每缸进气口处装有一只喷油器，由电控单元（ECU）控制顺序地进行分缸单独喷射或分组喷射，汽油直接喷射到各缸的进气门前方，再与空气一起进入汽缸形成混合气。多点喷射又称为多气门口喷射（MPI）或顺序燃油喷射（SFI）。

显然，多点燃油喷射避免了进气重叠带来的影响，使得燃油分配均匀性较好，从而提高了发动机的综合性能。同时，由于它的控制更为精确，使发动机无论处于何种状态，其过渡过程的响应及燃油经济性都是最佳的。但是，多点喷射系统结构复杂，成本高，故障源也较多。由于电子技术日益成熟，法规的日益严格，多点喷射系统由于其性能卓越占主导地位。目前，随着技术成本的下降，多点喷射系统不仅为高级轿车和赛车所采用，基本上已经在所有的汽车发动机上使用。

4. 按照控制模式分类

（1）开环控制

开环控制就是把根据试验确定的发动机各种运行工况所对应的最佳供油量的数据事先存入计算机中，发动机在实际运行过程中，主要根据各个传感器的输入信号，判断发动机所处的运行工况，再找出最佳供油量，并发出控制信号。

（2）闭环控制

闭环控制系统又称为反馈控制系统，其特点是加入了反馈传感器，输出反馈信号，反馈给控制器，以随时修正控制信号。闭环控制系统在排气管上加装了氧传感器，可根据排气管中氧含量的变化，测出发动机燃烧室内混合气的空燃比值，并把它输入计算机中再与设定的目标空燃比值进行比较，将偏差信号经功率放大器放大后再驱动电磁喷油器喷油，使空燃比保持在设定的目标值附近。因此，闭环控制可达到较高的空燃比控制精度，并可消除因产品差异和磨损等引起的性能变化对空燃比的影响，工作稳定性好，抗干扰能力强。

采用闭环控制的燃油喷射系统后，可保证发动机在理论空燃比（14.7）附近很窄的范围内运行，使三元催化转换装置对排气的净化处理达到最佳效果。

但是，由于发动机某些特殊运行工况，如起动、暖机、加速、怠速、满负荷等，需要控制系统提供较浓的混合气来保证发动机的各种性能，所以在现代汽车发动机电子控制系统中，通常采用开环与闭环相结合的控制方式。

二、电控汽油喷射系统的组成

电控汽油喷射系统由传感器、电控单元（ECU）和执行器三部分组成。

1. 传感器

传感器是信号转换装置，安装在发动机的各个部位，其功用是检测发动机运行状态的电量参数、物理参数和化学参数等，并将这些参数转换成计算机能够识别的电信号输入ECU。检测发动机工况的传感器有：冷却液温度传感器、进气温度传感器、曲轴位置传感器、节气门位置传感器、车速传感器、氧传感器、爆燃传感器等。

（1）进气温度传感器

进气温度传感器与进气压力传感器安装于节气门之后的进气管上，用以检测进气温度，测量进气温度的目的是确定进气的密度，它与进气压力传感器联合使用，可以准确地反映进入汽缸的空气量。进气温度传感器采用负温度系数（NTC）热敏电阻，如图4-3-4所示，ECU根据进气温度传感器检测到的进气温度修正喷油量，使发动机自动适应外部环境的变化。

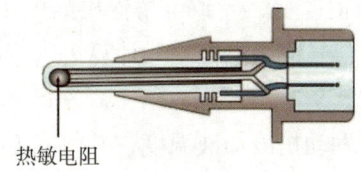

图 4-3-4　进气温度传感器

（2）节气门位置传感器

节气门位置传感器安装在节气门体上，用来检测节气门的开度，它通过杠杆机构与节气门联动，进而反映发动机的不同工况（怠速、加速、减速和全负荷等）。此传感器可把发动机的这些工况检测后输入 ECU，从而控制不同的喷油量。

节气门位置传感器属于开关触点式，如图 4-3-5 所示。它主要由活动触点、急速触点、功率触点、节气门轴、控制杆、导向凸轮和槽等组成。活动触点可在导向凸轮槽内移动，导向凸轮由固定在节气门轴上的控制杆驱动。

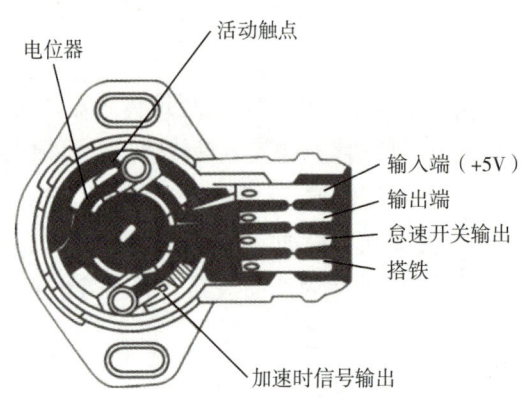

图 4-3-5　节气门位置传感器

（3）进气压力传感器

进气压力传感器采用半导体压敏电阻式传感器（全称是进气歧管绝对压力传感器），由硅膜片、集成电路、滤清器、真空室和壳体等组成，如图 4-3-6 所示。硅膜片是压力转换元件，是利用半导体的压电效应制成的。硅膜片的一面是真空室，另一面是导入的进气压力。集成电路是信号放大装置，它的端头与 ECU 连接。

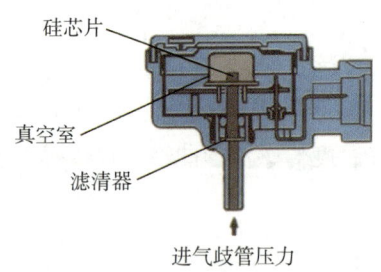

图 4-3-6　进气压力传感器

发动机工作时，从进气管来的空气经传感器的滤清器滤清后作用在硅膜片上，硅膜片产生变形（由于进气流量对应着相应的进气压力，故进气流量越大，进气管压力就越高，硅膜片变形也就越大）。硅膜片的变形，使硅膜片上电阻的阻值改变，导致电桥输出的电压变化。传感器上的集成电路将电压信号放大处理后，送到电控单元，此信号成为电控单元计算进入汽缸空气量的主要依据。

（4）冷却液温度传感器

冷却液温度传感器的作用是测定发动机冷却液温度，并将它变为电信号送到 ECU，为 ECU 修正喷油量提供重要依据。

冷却液温度传感器装在发动机的冷却液回路中。目前，常利用负温度系数半导体电阻来测定温度。在温度上升时，负温度系数电阻的电阻值是下降的。

（5）爆震传感器

如图 4-3-7 所示，爆震传感器安装于汽缸体上，能将发动机爆震情况转换成电信号输入给电控单元，供其修正点火时刻。

爆震传感器是一种固有频率大于 25 kHz 的宽带加速度传感器，控制元件由压电陶瓷制成。为了隔热，传感器用塑料套包起来，允许工作温度为 130℃。

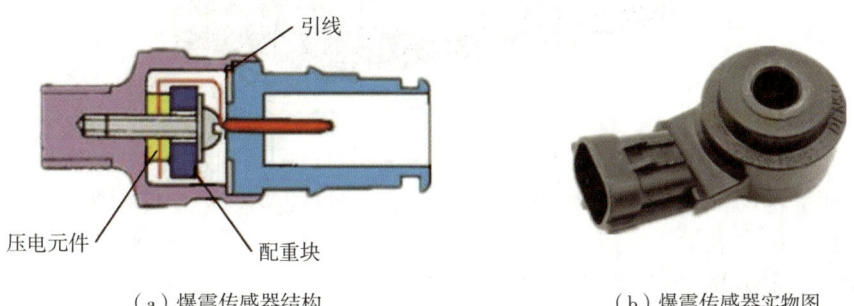

(a) 爆震传感器结构　　　　　　(b) 爆震传感器实物图

图 4-3-7　爆震传感器

(6) 曲轴位置传感器

如图 4-3-8 所示为电磁式曲轴位置传感器示意图，触发轮外圆上加工了若干齿与曲轴同步旋转，传感器固定在机体上，磁头与触发轮齿保持 1~2 mm 的间隙。

触发轮齿依次通过磁头，使磁隙不断发生变化，通过感应线圈绕组的磁通也不断发生变化，从而在线圈的两端产生了交变的感应电动势，此交流信号经整形、放大后，形成方波送入 ECU。

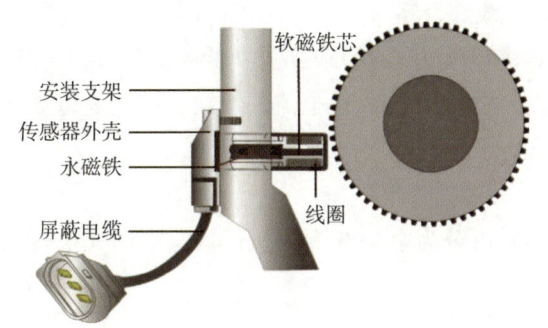

图 4-3-8　曲轴位置传感器

(7) 凸轮轴位置传感器

凸轮轴位置传感器与曲轴位置传感器同时输出信号，凸轮轴位置传感器信号作为判断信号，所以凸轮轴位置传感器也叫作同步信号传感器，如图 4-3-9 所示。

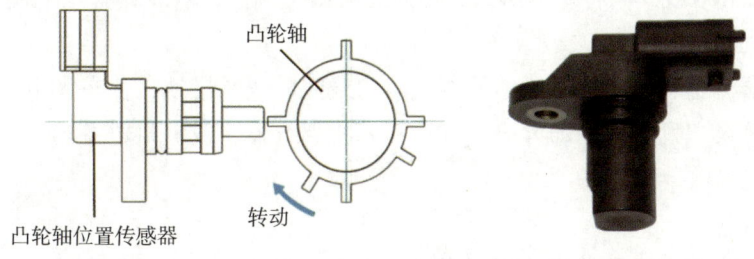

图 4-3-9　凸轮轴位置传感器

(8) 氧传感器

氧传感器（λ 传感器）用以控制发动机的燃烧状况，随时向 ECU 提供修正喷油量的电信号。氧传感器装在发动机排气管上，伸入到废气流中，外电极端受废气拂过，内电极端与外界空气接通。氧传感器基本上由一专用陶瓷体构成，其表面装有可透气的铝电极，如图4-3-10所示。

图4-3-10 氧传感器

氧传感器的原理是：陶瓷材料为多孔的，允许空气中的氧扩散（固体电解质），陶瓷在高温下是导电的。如果两电极端的含氧量不一样，则电极上产生一个电压，即测定出排气管中的含氧浓度，并随时向ECU反馈信号来修正喷油量，以保证空气和汽油混合气过量空气系数 $\alpha=1.0$（理想混合气）。

2. 电控单元（ECU）

电控单元俗称电脑或ECU。ECU是一种电子综合控制装置，是电子控制汽油喷射装置的控制中枢。它通过分析各种传感器提供的发动机工况数据，并借助于编好程序的综合特性曲线，发出喷油器和点火提前角的控制脉冲。ECU安装在驾驶员仪表板下。ECU在更换后，应与发动机相互匹配，并进行怠速检测。

3. 执行器

传感器的输入信号经电脑计算比较后，再使输出装置工作，这些装置称为执行器，以产生所需的动作。各种执行器用来控制汽车线路及零件。

ECU输出给大多数执行器的电压为ON/OFF或高/低的信号，由ECU控制线路的搭铁侧，以供应蓄电池电压给大多数的执行器，故ECU能以小电流的线路，控制大电流的流动。ECU是利用晶体管来控制搭铁侧，此晶体管称为驱动器。

4. 执行器分类

执行器根据工作原理的不同可分为电磁线圈式执行器、电动式执行器、继电器式执行器和感温式执行器四种。

（1）电磁线圈式执行器

电磁线圈式执行器为用途最广的执行器，是以电磁线圈通电产生的吸力改变阀的位置，以控制真空、燃油气体、EGR气体、气流、机油流动、水流、ATF流动等。

（2）电动机式执行器

博世Motronic系统采用的是永久磁铁电动机式旋转怠速执行器，通过改变旁通空气量，以调整怠速。常用的有单线式和双线式两种基本形式，单线式有两个端子，双线式有三个端子。

（3）继电器式执行器

继电器式执行器，是利用电脑适时地使继电器内线圈的线路搭铁，让较大电流进入需要运行的装置，常用于电动汽油泵、发动机冷却风扇、空调压缩机离合器，或提供电源给电脑、喷油器、氧传感器的加热器等。

（4）感温式执行器

感温式执行器通常用在较早的汽油喷射系统，作为控制冷发动机时的怠速使用，称为辅助空气装置，又称空气阀。当发动机刚起动时转板上开口部分与旁通道相通，旁通空气进入汽缸，使转速提高，热车时，热偶片因通电加热而弯曲，弹簧将转板向逆时针方向拉动，使旁通道逐渐被转板封闭，达到发动机工作温度时，旁通道完全被封闭，快怠速作用停止。

三、电控汽油喷射系统的原理

1. 电控汽油喷射系统工作原理

如图 4-3-11 所示,喷油器喷射到进气歧管中的汽油量,由喷油器喷孔的横断面面积、汽油的喷射压力和喷油持续时间来决定。为了便于控制,在实际的喷油控制系统中,喷孔的横断面面积和喷油压力都是恒定的,汽油的喷射量只取决于喷油持续时间。喷油器的喷孔由电磁阀来开闭,电磁阀的开启时刻(喷油开始时刻)和开启延续时间(喷油持续时间)的长短由发动机的各种参数确定。

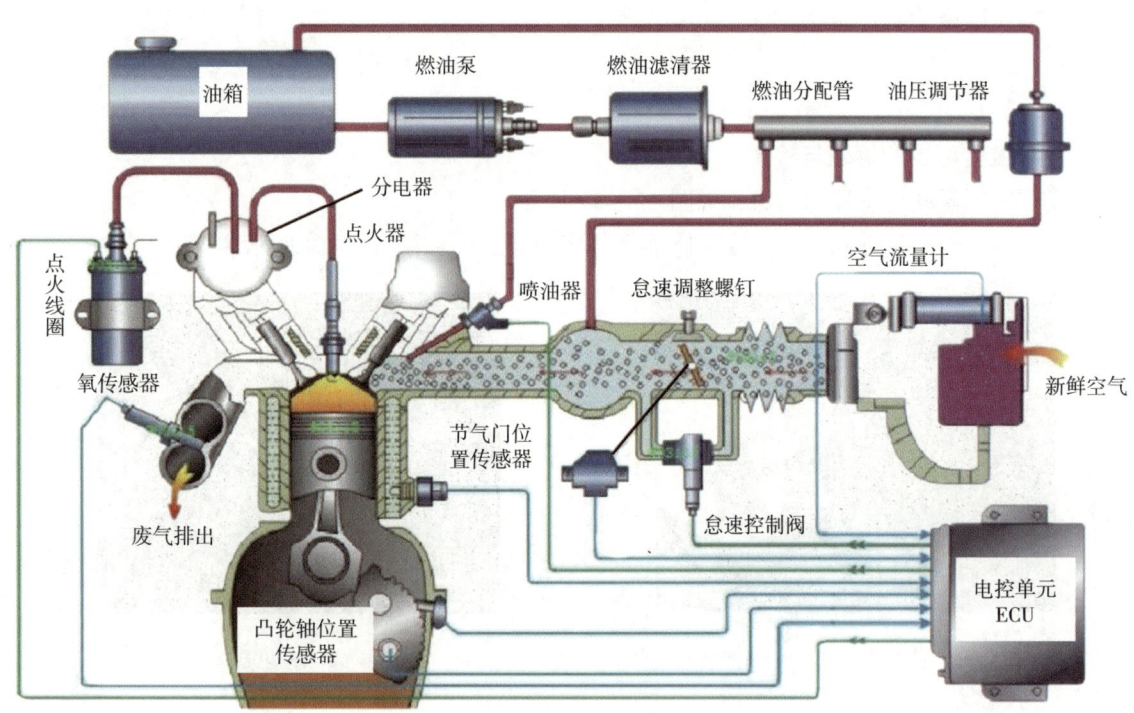

图 4-3-11　电控汽油喷射系统工作原理

传感器将发动机各种非电量的工况参数,如转速、负荷、发动机冷却液和进气温度、空气流量、曲轴转角、节气门开度等,转变为电信号,并把这些信号以信息形式送入电控单元(ECU),再经电控单元转化为长短不一的电脉冲信号传到喷油器,控制喷油器打开时刻及延续时间长短,使之准确地工作。

2. 电控汽油喷射系统工作过程

电控汽油喷射系统(EFI)的工作过程是对喷油时间的控制过程。装用 EFI 系统的发动机具有良好的动力性、经济性,排放污染大为降低,这都源于对空燃比的精确控制。而这种空燃比的控制是通过对汽油喷射时间的控制实现的。ECU 通过绝对压力传感器(D 型 EFI)或空气流量计(L 型 EFI)的信号计量空气质量,并通过计算出的空气质量与目标空燃比的比较确定每次燃烧所必需的燃料质量。

3. 目标空燃比

目标空燃比是实际充入汽缸的空气质量与燃烧所需要的燃料量的比值。根据空气质量和发动机转速计算出的喷油时间称为基本喷油持续时间。目标空燃比是在考虑了发动机的动力性、经济性、响应性、排气净化等之后决定的,它所要求的喷油时间与基本喷油时间有差异,各种传感器检测冷却液温度、进气温度、节气门开度等与发动机工况有关的参数后,对基本喷油持续时间进行修正,确定最佳喷油持续时间,使实际喷油持续时间接近由目标空燃比确定的喷油持续时间。

任务实施

一、前期准备

安全防护：实训着装、完成设备防护及场地准备。
工具设备：防护用品、常用拆装工具、测量工具等。
实训设备：实训车或发动机总成台架。
辅助资料：维修手册、教材。

二、操作项目

1. 进气温度传感器的拆装与检修

（1）拔下进气温度传感器的插头，如图4-3-12所示。

（2）选择一字起工具拆卸进气温度传感器本体固定螺钉，如图4-3-13所示。

图4-3-12　拔下进气温度传感器的插头　　　图4-3-13　拆卸固定螺钉

（3）用万用表电阻挡测量进气传感器的"1"脚与"2"脚间的电阻，其阻值应为1800Ω（29℃时），如图4-3-14所示。如电阻值不符，则须更换进气温度传感器本体。

图4-3-14　测量进气温度传感器本体电阻值

（4）按照进气温度传感器拆卸的相反顺序进行安装。

（5）整理场地。

2 传感器的拆装与检修

（1）拔下氧传感器接插头，如图4-3-15所示。

（2）用22号开口扳手拔下氧传感器，如图4-3-16所示。

图 4-3-15　拔下氧传感器接插头　　　　　　图 4-3-16　拔下氧传感器

（3）用万用表电阻挡测量氧传感器的"1"脚与"2"脚间的电阻，其阻值应为 8~20Ω，如图 4-3-17 所示。如电阻值不符，则须更换氧传感器。

（4）用万用表的电压挡测量氧传感器的"4"脚与"3"脚间的电压，其电压值应在 0~2V 之间变化，如图 4-3-18 所示。如电压值不符，则须更换氧传感器。

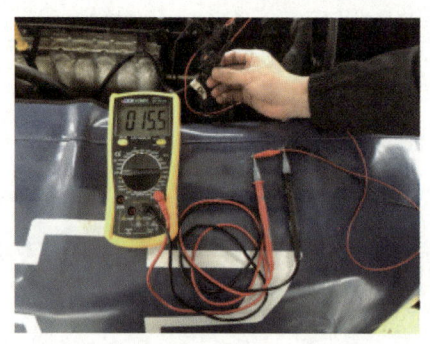 

图 4-3-17　测量"1"脚与"2"脚间的电阻　　　图 4-3-18　测量"4"脚与"3"脚间的电压

（5）按照氧传感器拆卸的相反顺序进行安装。

（6）整理场地。

三、任务记录表

1. 进气温度传感器本体检测记录表

项目	进气温度传感器本体检测
测量值（Ω）	
结果判断及处理	

2. 氧传感器本体检测记录表

项目	氧传感器本体检测
"1"脚与"2"脚间的电阻测量值（Ω）	
"4"脚与"3"脚间的电压测量值（V）	
结果判断及处理	

项目四　燃油供给系统的构造与拆装

四、任务考核

电控系统的拆装与检修评分标准。

序号	作业项目	考核内容	配分	评分标准	扣分	得分
1	前期准备	清理工位及工位布置，清点工量具，设备的外观检查	5	未清理工位扣1分，未清点工量具扣1分，未对设备进行外观和安全检查扣3分		
2	零部件拆卸	能否正确按照维修手册的要求进行拆卸并按照规定摆放	15	未按照维修手册进行拆卸工作，每次扣2分		
3	零部件清洁	能否正确按照维修手册的要求进行零件的清洁	10	每一个元件未按照维修手册要求进行清洁扣2分		
4	零部件检测	能否正确利用维修资料完成零部件的检测，并分析得出结论和维修建议	20	不能正确利用维修资料完成零部件的检测每项扣5分，测量条件不正确每一次扣5分，结论或维修建议错误每次扣5分		
5	零部件安装	能否正确按照维修手册的要求进行安装并按照规定进行紧固	20	未按照维修手册进行安装工作（紧固角度、扭矩值错误等），每次扣2分		
6	记录表填写	测量值填写是否正确、完整	10	测量值填写错误、不完整，每项扣2分		
7	维修资料使用	能否正确使用维修资料	10	不会使用维修资料扣10分，使用不熟练扣5分		
8	6S现场管理	遵守实训室安全操作规范，正确使用工量具，无人身伤害和设备损坏	10	每单项扣2分，扣完为止。因违规操作发生人身伤害和设备损坏，此项不得分		
		合计	100			

项目测评

一、填空题

1. 电动汽油泵的作用是 _____。
2. 喷油器的作用是 _____。
3. 电控汽油喷射系统由传感器、_____和_____组成。
4. 现在大多轿车采用_____电动油泵。
5. 电控汽油喷射系统根据喷射方式不同分为_____和_____。
6. 进气温度传感器一般采用_____热敏电阻。

二、单项选择题

1. 汽油被电动汽油泵从燃油箱中泵出，经（　　　）过滤后输送至燃油分配管。
   A．燃油泵　　　B．燃油滤清器　　　C．空气滤清器　　　D．机油滤清器
2. 目前轿车电动汽油泵一般都采用（　　　）汽油泵。
   A．涡轮式　　　B．滚柱式　　　C．压力式　　　D．电阻式
3. 进气压力传感器采用（　　　）。
   A．电阻式　　　　　　　　　　　B．半导体压敏电阻式
   C．超导体压力电阻式　　　　　　D．电压式
4. 缸内喷射是将喷油器安装于缸盖上直接向（　　　）喷油。

A．进气管　　　　B．进气歧管　　　　C．缸内　　　　　D．缸外

5．电控汽油喷射系统由（　　　）、电控单元（ECU）和执行器三部分组成。

A．传感器　　　　B．温度传感器　　　C．空气流量计　　D．压力传感器

三、判断题（对的画"√"，错的画"×"）

1．汽车燃油箱内部与大气不连通。（　　）

2．电动汽油泵需要汽油对其进行冷却。（　　）

3．无特殊情况，汽油滤清器不需要进行定期更换。（　　）

4．目前，大部分轿车电控汽油喷射系统均采用闭环控制。（　　）

5．传感器的作用是检测发动机运行状态，并转换成电信号传输至发动机电脑。（　　）

四、简答题

1．燃油供给系统主要包括哪些组件？

2．燃油供给系统的功用是什么？

3．简述电动汽油泵的拆装与检测过程。

4．简述燃油滤清器的更换过程。

5．简述氧传感器的拆装与检测过程。

项目五　点火系统的构造与拆装

学习目标

知识目标：
- 掌握汽车发动机点火系统的组成和分类。
- 掌握汽车发动机点火系统的主要结构和基本工作原理。

技能目标：
- 能够在实车或台架上快速准确地找到点火系统各部件的位置。
- 能够选择和使用正确的拆装工具拆装点火系统各组件。
- 能够根据维修手册正确对点火系统各组件进行检修。

职业素养目标：
- 严谨的科学态度和精益求精的学习作风。
- 及时反思总结，在训练中积累经验。
- 养成良好的团队合作能力。
- 严格执行6S现场管理（SEIRI——整理、SEITON——整顿、SEISO——清扫、SEIKETSU——清洁、SHITSUKE——素养、SECURITY——安全），养成良好的职业习惯。

任务一　认知点火系统

任务引入

某轿车发动机怠速抖动、加速无力，经初步检查，判断是发动机点火系统出现故障，需进行拆卸维修。如果你是该项目的维修技师，那么你了解点火系统吗？

背景知识

一、发动机点火系统的作用

汽油自燃温度高，很难被压燃，因此在汽油发动机内设置了点火系统。点火系统的作用是在发动机各种工况和使用条件下，在汽缸内适时、准确、可靠地产生电火花，点燃可燃混合气，使发动机对外做功。

二、机械控制点火系统

1. 机械控制点火系统组成

机械控制点火系统如图5-1-1所示，主要由电源（蓄电池和发电机）、点火开关、点火线圈、电容器、分电器、配电器、火花塞、阻尼电阻和高压导线等组成。

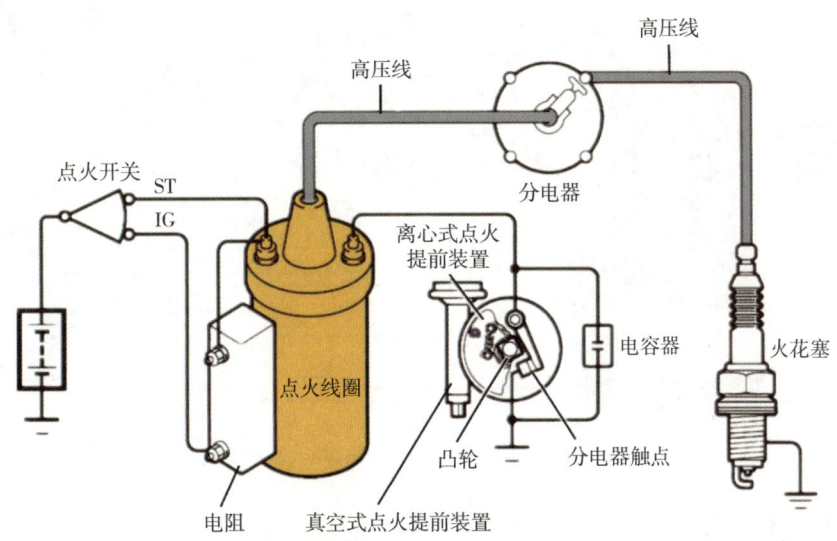

图 5-1-1　机械控制点火系统

2. 机械控制点火系统的工作原理

机械控制点火系统工作原理如图5-1-1所示，汽油机运行时带动分电器凸轮转动，使分电器不断闭合与断开，在触点闭合时，蓄电池提供电流，电流从蓄电池正极经点火线圈的一次绕组、分电器触电，返回到蓄电池负极。电流流经点火线圈的一次绕组时，铁芯中产生一个储能用的强磁场，当分电器触点被顶开时，一次电流迅速衰减以至消失，铁芯中的磁通随之减小，而在二次绕组中就感应出点火所需的高电压。这一电压由高压线输送到分电器，再由此输送到各个相应的火花塞上，产生电火花。

三、电控汽油机点火系统

1. 电控汽油机点火系统的组成

电控汽油机点火系统也叫微机控制的点火系统，与传统点火系统相比，可以更加精确控制点火时刻。使发动机的燃烧更加完全、动力性更强、油耗更低、排放更好。现代汽车发动机已经基本上全部采用电控点火系统。电控点火系统一般由电源、传感器、电控单元（ECU- Electronic Control Unit）、点火控制器、高压线、火花塞等组成，如图5-1-2所示。

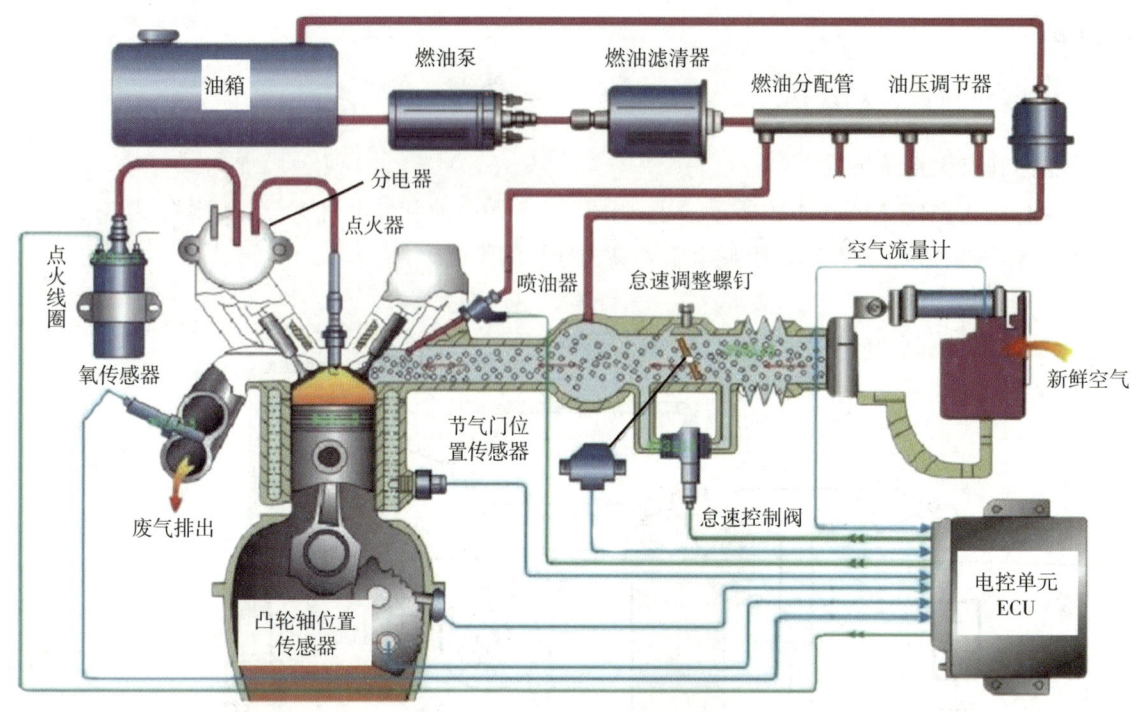

图 5-1-2　机械控制点火系统

2. 电控点火系统的分类

电控点火系统中取消了分电器，点火线圈的高压电直接加于火花塞，由 ECU 和点火控制确定点火顺序。

微机控制无分电器点火系统有两种类型，即同时点火方式和单独点火方式。

（1）同时点火方式

如图 5-1-3 所示，该系统无分电器，点火线圈的高压线直接与火花塞相连，一个点火线圈连接两个缸的火花塞，两缸火花塞串联，同时点火，一缸处于压缩（做功缸），一缸处于排气（废火缸），同时点火的两缸火花塞极性相反。微机控制点火顺序。别克、捷达发动机等采用了这种点火系统。

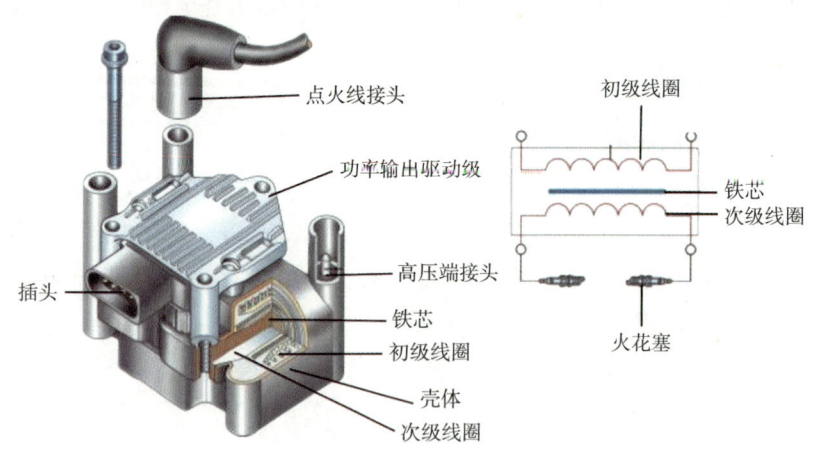

图 5-1-3　同时点火方式

（2）单独点火方式

单独点火方式可精确控制点火提前角、点火间隔角和点火闭合角，提高点火能量。同时，由于电器元件减少，也减少了故障点，提高了点火系统工作的可靠性。独立点火系统主要包括：曲轴位置传感器、凸轮轴位置传感器、节气门位置传感器、空气流量传感器、冷却液温度传感器、爆震传感器、空挡起动开关信号、起动信号、电脑、点火线圈和点火器、各缸火花塞，如图5-1-4所示。

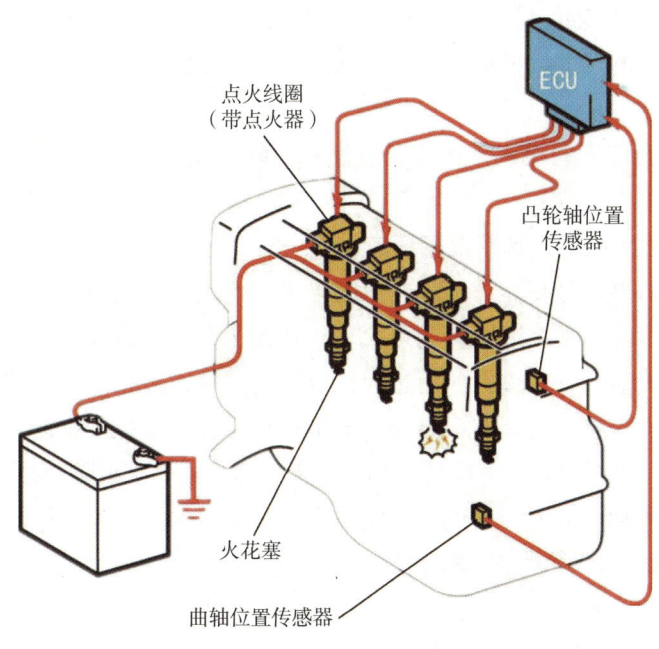

图 5-1-4　单独点火方式

四、对发动机点火系统的要求

发动机要可靠、高效运转对点火系统有以下要求。

1. 能产生足以击穿火花塞两电极间隙的电压

点火系统用于点燃混合气的火花塞电极伸入发动机汽缸燃烧室内，通过电极之间气体的电离作用产生电弧放电（跳火）。要使电极之间具有很高压力的气体电离而产生电火花，就必须有足够高的电压。使火花塞电极跳火所需的电压称之为击穿电压 U（或称点火电压），而 U 的高低与发动机工况及火花塞的状况有关。

（1）发动机工况

汽缸内的混合气压力高、温度低时，气体的密度相对较大，气体电离所需的电场力就大，所需的击穿电压也就高。发动机在不同工况下其压缩终了的混合气压力和温度是不同的，因此，当发动机的转速和负荷改变时，火花塞的击穿电压也随之而变。

（2）火花塞电极的温度和极性

当火花塞电极的温度超过混合气温度时，击穿电压可降低30%~50%，因为在电极温度高时，包围在电极周围的气体密度相对较小。由于火花塞中心电极的温度相对较高，因此，火花塞的中心电极为负时，火花塞电极的击穿电压可降低20%左右。

（3）火花塞的间隙和形状

火花塞电极的间隙增大，在同样的电压下电极之间的电场就减弱，要使电极间隙间的气体电离，所需的电压就得增大。火花塞电极较细或电极表面有沟棱时，在同样的电压下其电场的最强处要大于较粗、表面平的电极，因此，所需的击穿电压可降低。此外，火花塞电极上积油、积碳时，其击穿电压也会相应升高。

2. 要有足够的点火能量

火花塞跳火后能确保可燃混合气迅速燃烧，还必须要有足够的点火能量。发动机正常工作时，由于混合气压缩终了的温度已接近自燃温度，因此所需的火花能量很小，但是发动机在起动、急速及急加速工况时，由于混合气的温度较低或混合气过浓、过稀等原因，需要有较高的点火能量才能保证混合气可靠燃烧。

点火能量不足时，会使发动机起动困难、点燃率下降，发动机的动力性下降、油耗和排污增加，并可能导致发动机不工作。

3. 点火时间应该与发动机的工作状况相适应

为使发动机汽缸内的燃烧最高压力出现在压缩终了上止点后 10°~15°，使混合气的燃烧功率达到最大，就必须在压缩终了前的某个适当时刻点火。某缸火花塞开始跳火到活塞运行至压缩终了上止点的曲轴转角称之为点火提前角。点火提前角过大，压缩行程活塞上行的阻力增大，导致发动机功率下降、油耗增加，且发动机容易产生爆燃；点火提前角过小，合气燃烧产生的最高压力和温度下降，也会导致发动机功率下降、油耗增加，且容易引起发动机过热、排气管放炮等故障。

发动机在不同的转速和负荷下，其点火提前角度应是不同的。点火系统应能根据发动机的转速和负荷变化情况，及时调整点火时间，以确保混合气的燃烧及时、完全。

任务实施

一、前期准备

安全防护：实训着装、完成设备防护及场地准备。
工具设备：防护用品、工具套装等。
实训设备：A 轿车台架、B 实训车、C 实训车。
辅助资料：维修手册、教材。

二、操作项目

1. 在 A 轿车台架上认知双缸同时点火系统及相关组成部件

（1）认知点火线圈，如图 5-1-5 所示。

（2）认知分缸高压线，如图 5-1-6 所示。

图 5-1-5　点火线圈

图 5-1-6　分缸高压线

（3）认知发动机电子控制单元（ECU），如图 5-1-7 所示。

图 5-1-7 发动机电子控制单元（ECU）

2. 在 B 实训车上认知单缸独立点火系统及相关组成部件

（1）认知火花塞，如图 5-1-8 所示。

（2）认知点火线圈，如图 5-1-9 所示。

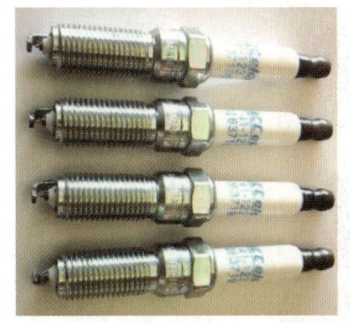 

图 5-1-8 B 实训车火花塞　　　　　　图 5-1-9 B 实训点火线圈

（3）认知发动机电子控制单元（ECU），如图 5-1-10 所示。

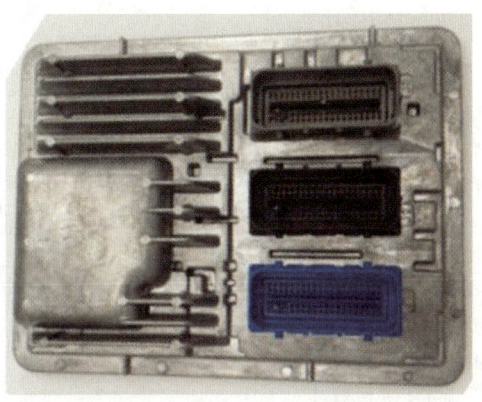

图 5-1-10 B 实训发动机电子控制单元（ECU）

3. 在 C 实训车上认知单缸独立点火系统及相关组成部件

（1）认知火花塞，如图 5-1-11 所示。

（2）认知点火线圈，如图 5-1-12 所示。

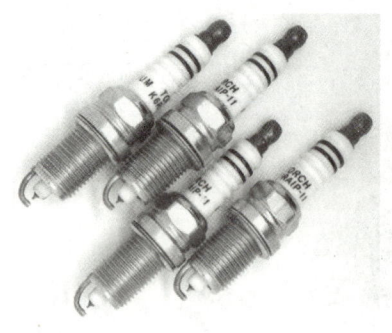

图 5-1-11　C 轿车兹火花塞

图 5-1-12　C 轿车点火线圈

（3）认知发动机电子控制单元（ECU），如图 5-1-13 所示。

图 5-1-13　C 轿车发动机电子控制单元（ECU）

三、任务考核

认知点火系统评分标准。

序号	作业项目	考核内容	配分	评分标准	扣分	得分
1	前期准备	清理工位及工位布置，设备的外观检查	8	未清理工位扣 4 分，未对设备进行外观和安全检查扣 4 分		
2	认知 A 轿车点火系统部件	能否快速找到并认知点火线圈 能否快速找到并认知分缸高压线 能否快速找到并认知发动机电子控制单元（ECU）	24	不能快速找到并准确说出点火系统部件每次扣 8 分		
3	威朗实训车点火系统部件认知	能否快速找到并认知火花塞 能否快速找到并认知点火线圈 能否快速找到并认知发动机电子控制单元（ECU）	24	不能快速找到并准确说出点火系统部件每次扣 8 分		
4	科鲁兹实训车点火系统部件认知	能否快速找到并认知火花塞 能否快速找到并认知点火线圈 能否快速找到并认知发动机电子控制单元（ECU）	24	不能快速找到并准确说出点火系统部件每次扣 8 分		
5	维修资料使用	能否正确使用维修资料	10	不会使用维修资料扣 10 分，使用不熟练扣 5 分		

续表

序号	作业项目	考核内容	配分	评分标准	扣分	得分
6	6S 现场管理	遵守实训室安全操作规范，无人身伤害和设备损坏	10	每单项扣 5 分，扣完为止。因违规操作发生人身伤害和设备损坏，此项不得分		
		合计	100			

任务二　点火系统主要零部件的拆装与检修

导学视频

任务引入

某轿车起动机运转，不能起动，经检查，判断是发动机点火系统出现故障，需进行拆卸维修。如果你是该项目的维修技师，那么你知道怎么操作吗？

背景知识

一、火花塞

1. 火花塞的作用

火花塞，俗称火嘴，它的作用是将点火线圈所产生的脉冲高压电引进燃烧室，击穿火花塞两电极间空气，产生电火花以此引燃汽缸内的混合气体。

高性能发动机的基本条件：高能量稳定的火花、混合均匀的混合气、高压缩比。

2. 火花塞的组成

火花塞由绝缘体和金属壳体两大部分组成。金属壳体带有螺纹，用于拧入汽缸；在壳体内装有绝缘体，它里面贯通着一根中心电极、中心电极上端有接线螺母，连接从分电盘过来的高压电线；在壳体的下端面焊有接地电极，中心电极与接地电极之间有 0.6~1.0 mm 的间隙，高压电经过这个间隙入地就会发出火花点燃混合气。

3. 火花塞的结构

火花塞的结构如图 5-2-1 所示。火花塞关键部分是绝缘体，如果绝缘体不起作用，高压电就会"抄小路"而不经两极入地，造成无火花现象。火花塞的绝缘体必须要有良好的机械性能和耐高电压、耐高温冲击、耐化学腐蚀的能力，普通火花塞多采用以氧化铝为基础的陶瓷做成。

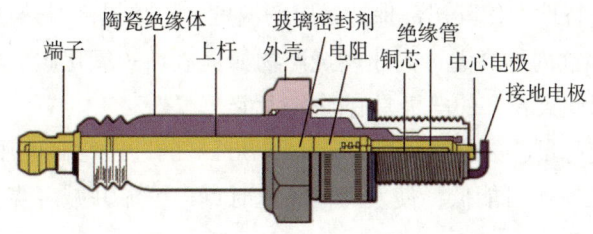

图 5-2-1　火花塞结构

4. 火花塞的分类

（1）按热值分：冷型火花塞和热型火花塞。

如图 5-2-2 所示，火花塞的热值代表其散热快慢。数值越大则散热越快（或称为火花塞越冷），不同的发动机要求使用的火花塞不同，必须匹配。一般而言，小汽车行驶速度快，汽缸内压缩比高，需用热值高（散热快）的火花塞，大车一般行驶速度慢，一般用热值低（散热慢）的火花塞。

热值过高，即散热过快，易使火花塞温度过低，点火头部产生积碳，引起跑电，使火花塞打不出火来；而热值过低，散热不够，使火花塞温度过高，会导致爆燃等，易使火花塞头部陶瓷烧损，电极溶解。

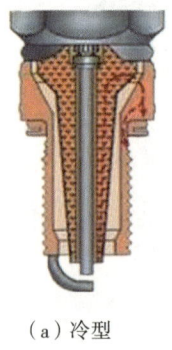 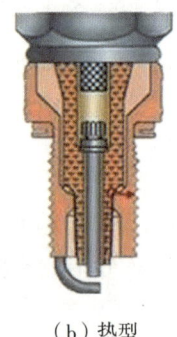

（a）冷型　　　　　　　　（b）热型

图 5-2-2　火花塞类型

（2）按中心电极材料分：普通（铜芯）、铂金、双铂金、铱金。

（3）按侧电极形状不同分：单级、双机、三级、四极。

侧电极一般为两个或两个以上，优点是点火可靠，间隙不需要经常调整，故在电极易烧蚀和火花塞间隙不能经常调节的一些汽油机上常常采用；缺点是后期容易形成积碳；寿命短。

为了抑制汽车点火系统对无线电的干扰，又生产了电阻型和屏蔽型火花塞。电阻型火花塞是在火花塞内装有 5~10 kΩ 的电阻，屏蔽型火花塞是利用金属壳体把整个火花塞屏蔽密封起来。屏蔽型火花塞不仅可以防止无线电干扰，还可用于防水、防爆的场合。通常火花塞使用寿命为 15000km，长效火花塞使用寿命为 30000 km。

5. 对火花塞的要求

火花塞的工作条件极其恶劣，它受到高压、高温用燃烧产物的强烈腐蚀，因此对它有较高的要求。

（1）混合气燃烧时，火花塞的下部受到高压燃气的冲击，其压力高达 5.88~6.86MPa，因此要求火花塞的主要零件应有足够的强度。

（2）混合气燃烧时，火花塞的下部受到 1500℃~2000℃ 的高温燃气的作用，而进气时又因 50℃~60℃ 的混合气而突然冷却，因此要求火花塞应能承受这种周期性的温度的剧烈变化而不变形，且要求火花塞具有适当的热特性，使其裙部保持一定的温度，不得局部过热或局部温度过低。

（3）发电机工作时，汽缸内的高温、高压燃烧产物如臭氧、一氧化碳、氧化硫和氧化铅等，对火花塞电极具有腐蚀作用，因此火花塞的电极具有耐腐蚀性。

（4）火花塞的绝缘体应有足够的绝缘强度，能承受 30 kV 的冲击性高电压。

（5）火花塞的击穿电压应尽可能低，使发动机高速时点火可靠并减轻点火系统的负担，延长使用寿命。

二、点火线圈

1. 点火线圈的作用

点火线圈的作用是将蓄电池的低压电（12 V）转变为高压电（10000~20000 V）。当点火开关接通电源后，分电器触点闭合，低压线圈有电流通过，线圈周围产生磁场。当分电器触点张开时，低压线圈里电流消失，磁场也减弱并趋于消失。由于这个磁场的变化，高压线圈感应产生高压电流。当此电流经分电器配送到各汽缸的火花塞时，便产生电火花，点燃汽缸里的可燃混合气。

2. 点火线圈的分类

按照磁路结构形式不同，点火线圈可分为开磁路点火线圈和闭磁路点火线圈两种。开磁路点火线圈多用于传统点火系统，闭磁路点火线圈多用于电子点火系统和电控点火系统。

（1）开磁路点火线圈

如图 5-2-3 所示，开磁路点火线圈主要由初级绕组、次级绕组、铁芯、"+"接线柱"-"接线柱、外壳和胶木盖等组成。铁芯由相互绝缘的条形硅钢片叠成，包在绝缘套筒内，套管上有用较细的漆包线绕制的次级绕组，其直径为 0.06~0.10 mm，匝数为 11000~26000 匝。初级绕组在次级绕组外层，以利于散热，其直径为 0.5~1.0 mm，匝数为 230~370 匝，绕组绕好后在真空浸以石蜡和松香的混合物，以增强绝缘。为加强绝缘和防止潮气侵入，须在外壳内填满沥青或变压器油。

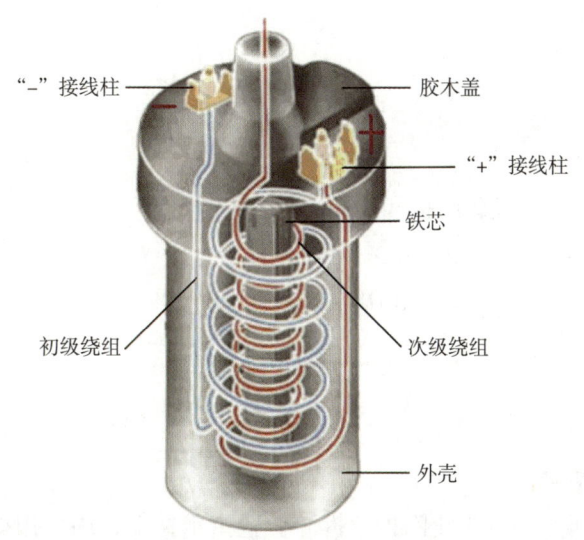

图 5-2-3 开磁路点火线圈结构

当初级绕组中有电流通过时，铁芯磁化，由于磁路的上下部分是从空气中通过，铁芯未构成闭合磁路，其能力变换效率为 60%，所以称为开磁路点火线圈。胶木盖位于点火线圈的上端，其中央突出部分是高压线插座，其余接线柱为低压接线柱。开磁路点火线圈有两接线柱式和三接线柱式两种。两接线柱式点火线圈上标有"+""-"标记，三接线柱式点火线圈上标有"开关""+""-"标记，在"开关"与"+"之间有一附加电阻。附加电阻（热变电阻）具有温度升高时电阻迅速增大，温度降低时电阻迅速减小的特点，在发动机工作时自动调节初级电流，避免高速时断火和低速时点火线圈发热。

（2）闭磁路点火线圈

在汽车的电子和电控点火系统中，采用了能量转换效率较高的闭磁路点火线圈。与传统点火线圈相比，其铁芯为一带有小气隙的"口"或"日"字的形状，如图 5-2-4（a）所示。铁芯内绕有初级绕组（电阻多为 0.7~0.8 Ω），次级绕组绕在初级绕组的外面（电阻多为 3~4 kΩ），其铁芯构成闭合磁路，常设有一个微小的气隙以减少磁滞现象，如图5-2-4（b）所示。由于闭路点火线圈漏磁少，磁路磁阻小，能量损失小，所以能量变换效率高达75%（安匝数），次级电压能达到9~25 kV，上升率大于600 V/US，火花能量大于70 mJ。另外，由于闭磁路铁芯导磁能力极强，可在较小的磁动势下产生较强的磁通，因而可减小线圈的匝数以使点火线圈的体积减小，结构更为紧凑。

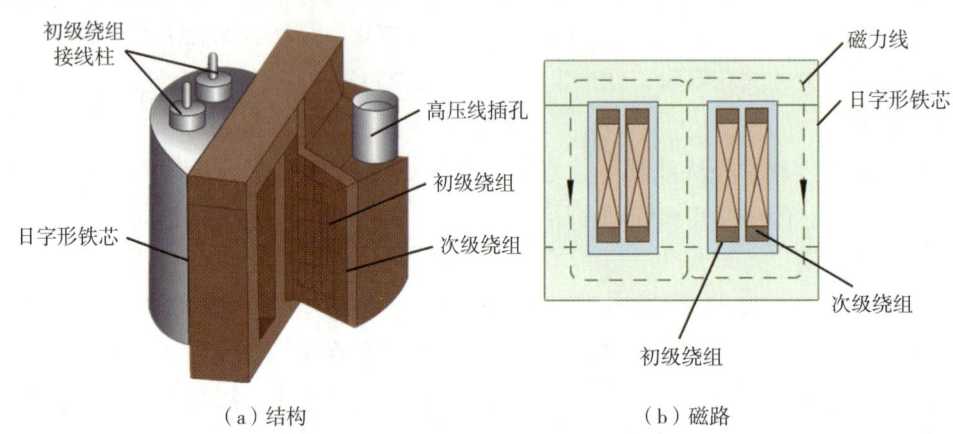

图 5-2-4　闭磁路点火线圈结构

任务实施

一、前期准备

安全防护：实训着装、完成设备防护和场地准备。
工具设备：防护用品、常用拆装工具、测量工具等。
实训设备：某轿车实训车或某轿车兹LDE发动机总成台架。
辅助资料：维修手册、教材。

二、操作项目

1. 点火线圈的拆装与检修

（1）根据如图5-2-5所示的点火线圈护罩拆卸位置指示标记，用手扣动指示标记处，拆下点火线圈护罩，如图5-2-6所示。

图 5-2-5　点火线圈护罩拆卸指示标记

图 5-2-6　拆下点火线圈护罩

（2）释放点火线圈线束接头的保险销后拆下点火线圈线束接头，如图5-2-7所示。将线束从发动机上分离，如图5-2-8所示。

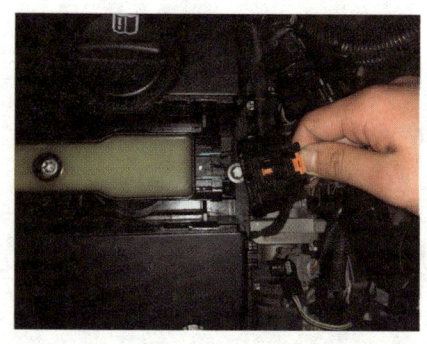

图5-2-7　拆下点火线圈线束接头

图5-2-8　分离线束

（3）使用棘轮扳手和花键旋具套筒（TX40）拆下固定点火线圈的两个固定螺丝，取下点火线圈，如图5-2-9、图5-2-10所示。

图5-2-9　拆下点火线圈固定螺丝

图5-2-10　取下点火线圈

（4）目视点火线圈有无溢胶、爆裂、连接管、高压嘴烧蚀的现象，如果有，则需要更换点火线圈。

（5）按照点火线圈拆卸的相反顺序安装点火线圈。

（6）整理场地。

提示：安装2个点火线圈螺栓时，拧紧力矩为8 N·m。

2.火花塞的拆装与检修

（1）确认火花塞套筒型号，选择正确的且内部有橡胶或磁铁的套筒，如图5-2-11所示。

（2）组装火花塞套筒、加长杆、棘轮扳手，如图5-2-12所示。

图5-2-11　选择正确火花塞套筒

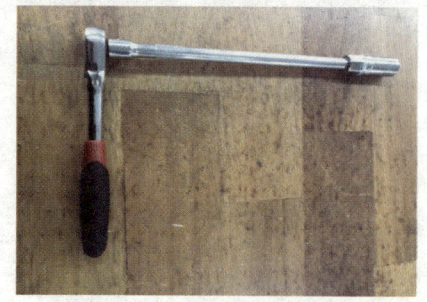

图5-2-12　组装火花塞套筒

（3）用棘轮扳手拧松火花塞，如图5-2-13所示。

（4）旋转接杆并取出火花塞，如图5-2-14所示。

图5-2-13　用棘轮扳手拧松火花塞　　　　　图5-2-14　旋转接杆并取出火花塞

（5）检查接线柱是否弯曲或断裂，如图5-2-15所示。通过拧动和拉动接线柱的方式，测试接线柱是否松动，如有松动，应更换火花塞。

（6）检查火花塞套管是否损坏以及缸盖的火花塞槽部位是否潮湿，如图5-2-16所示。火花塞套管完全受潮后会引起对搭铁的电弧放电。

图5-2-15　检查接线柱是否弯曲或断裂　　　　图5-2-16　检查火花塞套管

（7）检查火花塞绝缘体有无裂纹，如图5-2-17所示。

（8）测量火花塞中心电极和侧电极端子之间的间隙，如图5-2-18所示。

图5-2-17　检查火花塞绝缘体有无裂纹　　图5-2-18　测量火花塞中心电极和侧电极端子之间的间隙

（9）按照点火线圈火花塞拆卸的相反顺序进行安装。

提示：将火花塞放入缸盖后先用手旋紧，然后再用棘轮扳手和扭力扳手拧紧，火花塞的拧紧力矩为25 N·m，如图5-2-19所示。

图 5-2-19 使用扭力扳手拧紧火花塞

(10) 整理场地。

三、任务记录表

拆卸点火线圈和火花塞为(　　)缸。

1. 点火线圈目视检查记录表

项目	检查点火线圈
检查结论	
结果判断及处理	

2. 火花塞目视检查记录表

项目	检查火花塞
检查结论	
结果判断及处理	

3. 火花塞检测记录表

项目	火花塞中心电极和侧电极端子之间的间隙
测量值（mm）	
结果判断及处理	

提示：某轿车 LDE 发动机的火花塞间隙值为 0.8~0.9 mm。

四、任务考核

点火系统组件拆装与检测评分标准。

序号	作业项目	考核内容	配分	评分标准	扣分	得分
1	前期准备	清理工位及工位布置，清点工量具，设备的外观检查	5	未清理工位扣 1 分，未清点工具扣 1 分，未对设备进行外观和安全检查扣 3 分		
2	零部件拆卸	能否正确按照维修手册的要求进行拆卸并按照规定摆放	15	未按照维修手册进行拆卸工作，每次扣 2 分		
3	零部件清洁	能否正确按照维修手册的要求进行零件的清洁	10	每一个元件未按照维修手册要求进行清洁扣 2 分		

续表

序号	作业项目	考核内容	配分	评分标准	扣分	得分
4	零部件检测	能否正确利用维修资料完成零部件的检测，并分析得出结论和维修建议	20	不能正确利用维修资料完成零部件的检测每项扣5分，测量条件不正确每一次扣5分，结论或维修建议错误每次扣5分		
5	零部件安装	能否正确按照维修手册的要求进行安装并按照规定进行紧固	20	未按照维修手册进行安装工作（包括紧固角度、扭矩值错误等），每次扣2分		
6	记录表填写	测量值填写是否正确、完整	10	测量值填写错误、不完整，每项扣2分		
7	维修资料使用	能否正确使用维修资料	10	不会使用维修资料扣10分，使用不熟练扣5分		
8	6S现场管理	遵守实训室安全操作规范，正确使用工量具，无人身伤害和设备损坏	10	每单项扣2分，扣完为止。因违规操作发生人身伤害和设备损坏，此项不得分		
		合计	100			

项目测评

一、填空题

1. 电控点火系统分为 _____ 和 _____ 两种点火方式。
2. 火花塞一般是由 _____ 和 _____ 组成。
3. 同时点火系统的一个点火线圈上有两个火花塞 _____ ，当产生高压电时，它对两个火花塞 _____ 。
4. 电控点火系统由 _____ 、_____ 、_____ 、点火控制器、高压线、火花塞等组成。
5. 火花塞的电极间隙一般为 _____ mm。

二、单项选择题

1. 电控点火系统中取消了（　　），点火线圈的高压电直接加于火花塞。
   A. 燃油泵　　　B. 进气温度传感器　　　C. 蓄电池　　　D. 分电器
2. 火花塞的绝缘体应有足够的（　　）强度，能承受30 kV的冲击性高电压。
   A. 耐寒　　　B. 耐压　　　C. 防腐蚀　　　D. 绝缘
3. 点火系统用于点燃混合气的火花塞电极伸入发动机汽缸燃烧室内，通过电极之间气体的（　　）作用产生电弧放电（跳火）。
   A. 电离　　　B. 磁力　　　C. 相互　　　D. 物理
4. 单独点火方式可精确控制（　　）、点火间隔角和点火闭合角，提高点火能量。
   A. 气门重叠角　　　B. 点火提前角　　　C. 进气角　　　D. 排气角

三、判断题（对的画"√"，错的画"×"）

1. 点火线圈的作用是将蓄电池的高压电转变为低压电。（   ）
2. 火花塞关键部分是金属壳体。（   ）
3. 电控点火系统一般由电源、传感器、电控单元组成。（   ）
4. 电控单元是点火系统的控制中心。（   ）
5. 车辆能正常运行，则不需要定期检查或更换火花塞。（   ）

四、简答题

1. 点火系统的作用是什么？
2. 对点火系统有哪些要求？
3. 简述点火线圈的拆装与检测流程。
4. 简述火花塞的拆装与检测过程。

项目六　润滑系统的构造与拆装

学习目标

知识目标：
- 掌握润滑系统的作用、组成和方式。
- 熟悉润滑系统主要零部件的组成和工作原理。
- 熟悉润滑系统的油路。

技能目标：
- 能够在台架上快速准确地找到润滑系统各部件的位置。
- 能够选择和使用正确的拆装工具拆装润滑系统各组件。
- 能够根据维修手册正确对润滑系统各组件进行检修。

职业素养目标：
- 严谨的科学态度和精益求精的学习作风。
- 及时反思总结，在训练中积累经验。
- 养成良好的团队合作能力。
- 严格执行6S现场管理（SEIRI——整理、SEITON——整顿、SEISO——清扫、SEIKETSU——清洁、SHITSUKE——素养、SECURITY——安全），养成良好的职业习惯。

任务一　认知润滑系统

任务引入

某轿车，发动机运转噪音增大，机油液位偏低且机油有变质现象，经初步检查，判断是发动机润滑系统出现故障，需进行拆卸维修。如果你是该项目的维修技师，那么你知道润滑系统的构造吗？

背景知识

一、润滑系统的作用

发动机工作时，很多传动零件的相对运动速度很高，且配合间隙很小。尽管这些零件均经过精细加工，其工作表面能满足一定的精度和表面粗糙度要求，但由于高速相对运动导致的摩擦现象仍然不可避免。若不对这些表面进行润滑，它们之间将发生强烈的摩擦。金属表面之间的干摩擦不仅可能增加发动机的功率消耗，加速零件工作表面的磨损，而且还可能由于摩擦产生的热将零件工作表面烧损，致使发动机无法运转。给发动机配备润滑系统可以有效地改善运动部件的工作状况，大大提高发动机的工作寿命。

发动机润滑系统的功用在于将数量足够、温度合适、干净的机油连续不断地输送给全部传动件的工作表面，在摩擦表面之间形成油膜，实现液体摩擦，从而减小摩擦阻力、减轻机件磨损，降低功率消耗，以达到提高发动机工作可靠性和耐久性的目的。

发动机润滑系统主要起到润滑运动表面的作用，还兼具清洗、冷却、密封等功能。

1. 润滑作用

润滑发动机内的各运动零件表面，并在作用表面之间形成一层油膜，实现液体润滑，以降低摩擦阻力和磨损，减小发动机的功率消耗。

2. 清洗作用

在润滑系统内不断循环流动的机油，能带走机件中因摩擦产生的磨屑及其他异物，避免油泥的形成，起到良好的清洁作用。

3. 冷却作用

在发动机运转过程中，零件间的相互摩擦会产生不可逆的热损失，使得工作表面温度升高。通过润滑油的流动以对流换热的方式将摩擦产生的热量及时带走，防止零件烧损，起到冷却保护的作用。

4. 密封作用

在运动零件之间形成的油膜，除了产生液体润滑，还兼具"油封"功能，能有效防止漏气或漏油，起到良好的密封效果。

5. 防锈蚀作用

润滑剂在零件表面形成的油膜，能隔绝空气和水分，避免金属表面受到大气的腐蚀，对零件表面起保护作用。

6. 液压作用

润滑油还可用作液压油，利用液体压力在液压系统中起到能量传递的作用。

7. 减振缓冲作用

黏性较大的润滑剂能在两个接触的摩擦面之间形成油膜，通过其黏度和油膜起到个缓冲减振的作用。

二、润滑方式

根据发动机各运动零件的工作条件、负荷及相对运动速度不同，相应地采取不同的润滑方式。

1. 压力润滑

如图 6-1-1 所示，压力润滑针对负荷较大的摩擦表面，需要以一定的压力才能把机油供入摩擦表面形成油膜的润滑方式,主要用于曲轴主轴承、连杆轴承及凸轮轴承等相对运动速度及承受载荷较大的摩擦表面的润滑。借助机油泵,将润滑油的压力提高后再源源不断地送往摩擦表面。

2. 飞溅润滑

飞溅润滑是利用发动机传动件的回转运动飞溅起来的油滴或油雾来润滑摩擦表面的一种润滑方式,如图 6-1-2 所示。这种润滑方式可使裸露在外面承受载荷较轻的汽缸壁,相对滑动速度较小的活塞销,以及配气机构的凸轮表面、挺柱等得到润滑。

图 6-1-1 压力润滑

图 6-1-2 飞溅润滑

3. 润滑脂润滑

发动机辅助系统中有些零件则只需要定期加注润滑脂(黄油)进行润滑,如图 6-1-3 所示,例如水泵及发电机轴承就采用这种方式定期润滑。

4. 自润滑

近年来,在发动机上采用含有耐磨润滑材料(如尼龙、二硫化钼等)的轴承来代替加注润滑脂的轴承,这种轴承在使用中不需加注润滑脂,故称为自润滑,如图 6-1-4 所示。

图 6-1-3 润滑脂润滑

图 6-1-4 自润滑

一般地,发动机都同时采用两种以上的润滑方式,即采取复合式润滑方式进行润滑处理。

三、润滑剂

发动机内有许多相互摩擦运动的金属表面,这些部件运动速度快、使用环境差、工作温度高。这样恶劣的工况下面,只有性能良好的润滑剂才可降低发动机零件的磨损,延长使用寿命。汽车发动机的润滑剂有机油(润滑油)和润滑脂两种。

1. 油的分类及选用

发动机润滑油的等级分类包括:美国汽车工程师协会(SAE)的黏度分类法和美国石油学会(AP)

的质量分类法两种，详见表6-1-1。

表6-1-1 机油的分类

分类	类型		说明
美国SAE黏度分类法	冬季用机油（W级）	SAE0W、SAE5W、SAE10W、SAE15W、SAE20W和SAE25W	号数较大的机油黏度较大，适于在较高的温度下使用
	非冬季用机油	SAE20、SAE30、SAE40和SAE50	
API使用分类法	S系列（汽油机油）	SA、SB、SC、SD、SE、SF、SG和SH	级号越靠后，使用性能越好，适用的机型越新或强化程度越高
	C系列（柴油机油）	CA、CB、CC、CD和CE	

对于润滑油的选用，可以根据汽车发动机的强化程度选用合适的机油使用级，并可根据地区的季节气温选用适当黏度等级的机油。

2. 机油的要求

汽车发动机机油的工作条件十分恶劣，循环次数高，易被污染和氧化变质。此外，机油的工作温度变化范围很大，起动时为环境温度，运转时曲轴箱中机油的平均温度可达95℃或更高。因此，为了满足良好的润滑要求，发动机机油必须具备一定的使用性能。

（1）适当的黏度

机油黏度大小对发动机润滑性能有很大的影响：黏度过小，不能形成足够厚度的油膜；但黏度过大，流动阻力大，机油不易输送至摩擦表面。机油的黏度随温度增加而减小，因此，要根据季节选用不同牌号的润滑油。

（2）优异的氧化安定性

氧化安定性即指抗氧化能力。机油与氧气接触而发生氧化作用，颜色变暗，黏度增加，酸性增大，并产生胶状沉积物。氧化变质的机油将腐蚀发动机零件，甚至破坏发动机的工作。

（3）良好的防腐性

机油在储存和使用过程中因氧化而产生的酸性物质会腐蚀金属零件，可能使铜铅和镉镍一类的轴承表面出现斑点、麻坑或使合金层剥落。

（4）较低的起泡性

机油在工作过程中由于快速循环和飞溅不可避免地产生泡沫。太多的泡沫会导致摩擦表面的供油不足。在机油中适当添加泡沫抑制剂可有效控制泡沫。

（5）强烈的清净分散性

机油的清净分散性是指机油分散、疏松和移走附着在零件表面上的积碳和污垢的能力。通过在机油中加入清净分散添加剂来提高机油的清净分散性。

（6）高度的极压性

极压性是指机油在高温、高压且油膜厚度小于0.3μm的润滑状态下的抗磨性。为了提高机油的极压性，必须在机油中加入极压添加剂来避免机油被挤出摩擦表面。

3. 润滑脂

润滑脂是将稠化剂和添加剂掺入液体润滑剂（基础油）中所制成的一种稳定的固体或半固体产品。一般地，润滑脂中基础油含量为75%~90%，稠化剂含量为10%~0%，添加剂及填料的含量在5%以下。润滑脂在常温下可附着于垂直表面而不流淌，并能在敞开或密封不良的摩擦部位工作，具有其他润滑剂所不能代替的特点。

四、润滑系统的组成

汽车发动机润滑系统一般由机油泵、机油盘、润滑油管、润滑油道、机油滤清器、机油散热器、各种阀门传感器、机油压力表和机油温度表等组成。现代汽车发动机润滑系统的组成及油路布置方案大致相似，只是由于润滑系统的工作条件和具体结构的不同而稍有差别。图 6-1-5 为典型发动机润滑系统的组成。

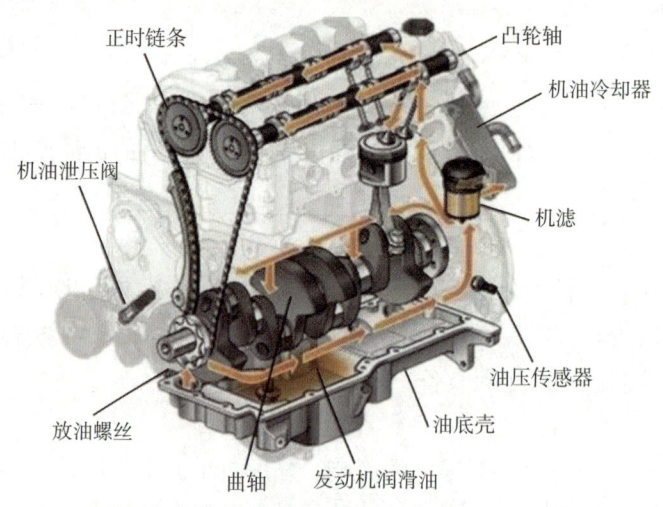

图 6-1-5　润滑系统的组成

1. 机油泵

其功用是保证润滑油在润滑系统内循环流动，并在发动机任何转速下都能以足够高的压力向润滑部位输送足够数量的润滑油。

2. 机油滤清器

它用来滤除润滑油中的金属磨屑、机械杂质和润滑油氧化物。如果这些杂质随同润滑油进入润滑系统，将加剧发动机零件的磨损，还可能堵塞油管或油道。

3. 机油冷却器

在热负荷较高的发动机上装备有机油冷却器，用来降低润滑油的温度。润滑油在循环过程中由于吸热而温度升高。若润滑油温度过高，则其黏度下降，不利于在摩擦表面形成油膜。此外，还会加速润滑油老化变质，缩短润滑油的使用寿命。

4. 油底壳

油底壳位于发动机底部，是曲轴箱的下半部，又称为下曲轴箱。作为储油槽的外壳，油底壳可以防止杂质进入，并收集和储存由发动机各摩擦表面流回的润滑油。

5. 集滤器

集滤器是用金属丝编织的滤网，是润滑系统的进口，用来滤除润滑油中较粗的杂质，防止其进入机油泵。

五、润滑系统的油路

现代汽车发动机的润滑系统油路大致相同。如图 6-1-6 所示，曲轴的主轴颈、曲柄销、凸轮轴轴颈及中间轴轴颈均采用压力润滑，其余部分则采用飞溅润滑或润滑脂润滑。

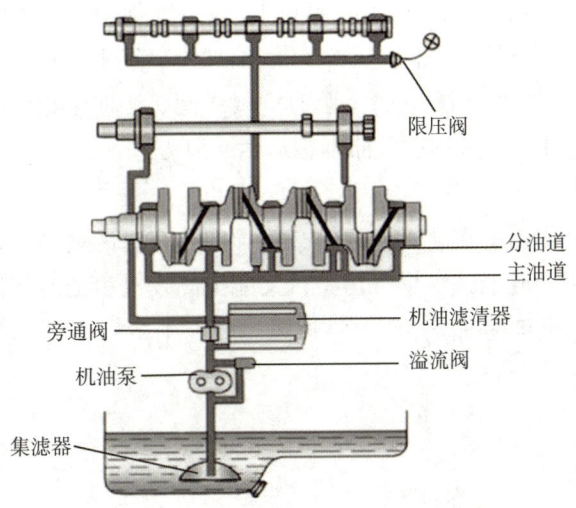

图 6-1-6　润滑系统的油路

当发动机工作时，润滑油从油底壳经集滤器被机油泵送入机油滤清器。如果油压太高则润滑油经机油泵上的溢流阀返回机油泵入口。全部润滑油经滤清器滤清之后进入发动机主油道。滤清器盖上设有旁通阀，当滤清器堵塞时，润滑油不经过滤清器滤清，而由旁通阀直接进入主油道。润滑油经主油道进入 5 条分油道，分别润滑 5 个主轴承。然后，润滑油经曲轴上的斜油道，从主轴承流向连杆轴承润滑曲柄销。主油道中的部分润滑油经第 6 条分油道供入中间轴的后轴承。中间轴的前轴承由机油滤清器出油口的一条油道供油，另一条分油道直通凸轮轴轴承润滑油道，此油道也有 5 条分油道，分别向 5 个凸轮轴轴承供油。在凸轮轴轴承润滑油道的后端，也就是整个压力润滑油路的终端，装有最低润滑油压力报警开关。当发动机起动之后，润滑油压力较低，最低油压报警开关触点闭合，油压指示灯亮。当润滑油压力超过 31kPa 时，最低油压报警开关触点断开，指示灯熄灭。另外在机油滤清器上也装有润滑油压力开关。当发动机转速超过 2150 r/min 时，润滑油压力若低于 180kPa，则开关触点闭合，报警灯闪亮，同时蜂鸣器也鸣响报警。

六、曲轴箱通风

在发动机工作时，燃烧室的高压可燃混合气和已燃气体，或多或少会通过活塞组与汽缸间的间隙漏入曲轴箱内，造成窜气。泄漏到曲轴箱内的汽油蒸汽凝结后，会使润滑油变稀。同时，废气中的酸性物质及水蒸气混入润滑系统将会侵蚀发动机零件，并使润滑油性能变坏。此外，由于混合气和废气进入曲轴箱，使曲轴箱内的压力增大，温度升高，易使机油向外渗漏。为防止曲轴箱压力过高，延长机油使用期限，减少零件磨损和腐蚀，防止发动机漏油，必须实行曲轴箱通风。

曲轴箱通风方式一般有两种：自然通风和强制通风，如图 6-1-7 所示。

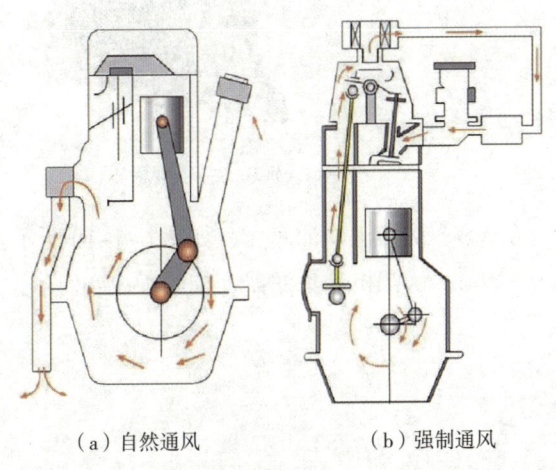

（a）自然通风　　（b）强制通风

图 6-1-7　曲轴箱通风

1. 自然通风

无须外加动力直接从曲轴箱中抽出多余混合气的通风方式称为自然通风，图 6-1-7（a）所示为曲轴箱自然通风系统。在曲轴箱连通的气门室盖或润滑油加注口接出一根下垂的出气管，管口处切成斜口，切口的方向与汽车行驶的方向相反。管上装有空气滤网，当曲轴箱内压力增大时，漏入曲轴箱中的气体经由通风管排出。柴油机多采用这种曲轴箱自然通风方式。

2. 强制通风

强制通风方式是将曲轴箱内的混合气通过连接管导向进气管的适当位置再燃烧，这样可以将窜入曲轴箱内的混合气回收使用，既能减少排气污染，又能提高发动机的经济性。目前，车用汽油机都采用强制性通风，汽车用柴油机也逐渐采用强制性通风。图 6-1-7（b）所示为曲轴箱强制通风系统。

任务实施

一、前期准备

安全防护：实训着装、完成设备防护和场地准备。
工具设备：防护用品、工具套装等。
实训设备：发动机总成台架或实训车。
辅助资料：维修手册、教材。

二、操作项目

1. 认知润滑系统的组成部件

（1）认知机油泵总成，如图 6-1-8 所示。
（2）认知机油滤清器，如图 6-1-9 所示。

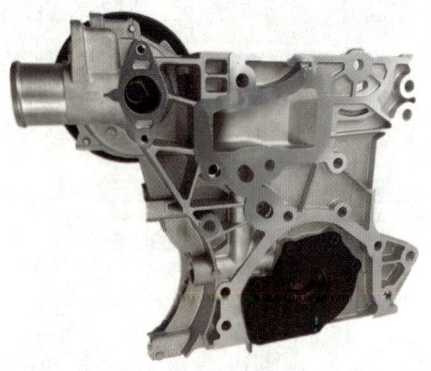

图 6-1-8　机油泵总成

图 6-1-9　机油滤清器

（3）认知机油油底壳，如图 6-1-10 所示。
（4）认知机油集滤器，如图 6-1-11 所示。

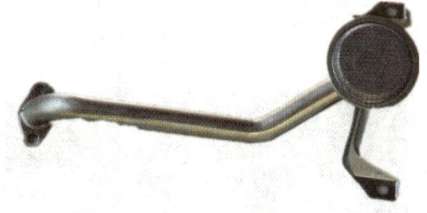

图 6-1-10　机油油底壳　　　　　　图 6-1-11　机油集滤器

2. 认知润滑系统的油路

（1）认知汽缸盖上的油道，如图 6-1-12 所示。

图 6-1-12　汽缸盖上的油道

（2）认知汽缸体上的油道，如图 6-1-13 至图 6-1-16 所示。

图 6-1-13　汽缸体上的油道　　　　图 6-1-14　汽缸体进油口

图 6-1-15　机油泵进入汽缸体的进油口　　图 6-1-16　曲轴主轴径进油口

3. 检查和更换发动机机油

（1）检查发动机机油液位。首先将发动机机油液位尺拔出擦干净，然后将机油液位尺完全插入发动机机油液位尺管内，再次拔出发动机机油液位尺，便可查看发动机机油液位情况，如图 6-1-17、图 6-1-18 所示。

导学视频

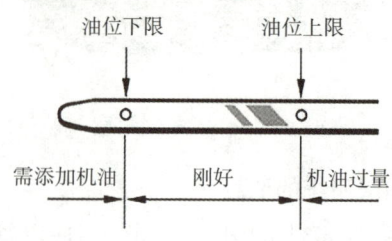

图 6-1-17　检查发动机机油液位　　　　　图 6-1-18　发动机机油液位示意图

（2）用举升机将车辆举升至最高位置，如图 6-1-19 所示。

（3）用 14 mm 梅花扳手松开机油排放塞，如图 6-1-20 所示。

图 6-1-19　将车辆举升至最高位置　　　　图 6-1-20　松开机油排放塞

（4）将机油收集器移至发动机下方合适的位置，并调整机油盆的高度，如图 6-1-21 所示。

（5）松开并移走机油排放塞，排放发动机机油，如图 6-1-22 所示。

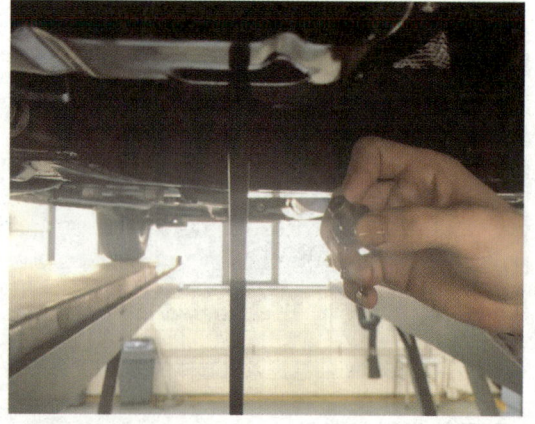

图 6-1-21　放置机油收集器　　　　　　图 6-1-22　松开并移走机油排放塞

（6）使用机油滤清器拆装专用工具松开机油滤清器，徒手取下机油滤清器，放到规定的位置，如图 6-1-23 所示。

（7）取出新的机油滤清器，在新的机油滤清器密封垫圈上涂抹新的专用机油，如图 6-1-24 所示。

图 6-1-23　松开机油滤清器　　　　　　　　图 6-1-24　在机油滤清器密封垫圈上涂抹新的专用机油

（8）安装机油滤清器。徒手安装机油滤清器，旋转机油滤清器至滤清器密封垫圈接触底座，如图 6-1-25 所示。

（9）使用机油滤清器拆装专用工具拧紧机油滤清器，如图 6-1-26 所示。

图 6-1-25　安装机油滤清器　　　　　　　　图 6-1-26　拧紧机油滤清器

（10）清洁机油排放塞，更换机油排放塞垫片，如图 6-1-27 所示。

（11）安装并紧固机油排放塞，如图 6-1-28 所示。

图 6-1-27　清洁机油排放塞　　　　　　　　图 6-1-28　安装并紧固机油排放塞

（12）用举升机将车辆下降至最低位置，如图 6-1-29 所示。

（13）取下机油加注口盖，加注适量的专用机油，并及时检查机油油量，确保加注的机油油量符合技术要求，如图 6-1-30 所示。

（14）拧紧机油加注口盖，如图6-1-31所示。

图6-1-29　将车辆下降至最低位置　　　图6-1-30　加注适量的专用机油　　　图6-1-31　拧紧机油加注口盖

（15）整理场地。

三、任务考核

认知润滑系统评分标准。

序号	作业项目	考核内容	配分	评分标准	扣分	得分
1	前期准备	清理工位及工位布置，设备的外观检查	5	未清理工位扣2分，未对设备进行外观和安全检查扣3分		
2	认知润滑系统部件	能否快速找到并认知机油泵 能否快速找到并认知机油滤清器 能否快速找到并认知机油油底壳 能否快速找到并认知机油集滤器	20	不能快速找到并准确说出润滑系统部件每次扣4分		
3	检查和更换发动机机油	检查发动机机油液位 用举升机将车辆举升至最高位置 松开机油排放塞 将机油收集器移至发动机下方合适的位置，并调整机油盆的高度 松开并移走机油排放塞，排放发动机机油 拆卸机油滤清器 在新的机油滤清器密封垫圈上涂抹新的专用机油 安装机油滤清器 清洁机油排放塞，更换机油排放塞垫片 安装并紧固机油排放塞 用举升机将车辆下降至最低位置 取下机油加注口盖，加注适量的专用机油 拧紧机油加注口盖 整理场地	45	未按照维修手册技术规范完成每项操作扣3分		
4	维修资料使用	能否正确使用维修资料	10	不会使用维修资料扣10分，使用不熟练扣5分		
5	6S现场管理	遵守实训室安全操作规范，无人身伤害和设备损坏	20	每单项扣5分，扣完为止。因违规操作发生人身伤害和设备损坏，此项不得分		
		合计	100			

任务二　润滑系统主要零部件的拆装与检修

任务引入

某轿车在运行时，仪表上的机油压力指示灯点亮，经初步检查，判断是发动机润滑系统中的机油泵出现故障，需要进行拆卸维修。如果你是该项目的维修技师，那么你知道怎么操作吗？

背景知识

发动机润滑系统的主要部件包括机油泵、机油滤清器、各种阀门、机油散热器等。

一、机油泵

机油泵的功用在于提高机油压力，保证机油在润滑系统内不断循环流动。目前发动机润滑系统中广泛采用的是齿轮式和转子式两种机油泵。

1. 齿轮式机油泵

如图 6-2-1 所示，齿轮式机油泵由主动轴、主动齿轮、从动轴、从动齿轮、壳体等组成，两个齿数相同的齿轮相互啮合，装在壳体内，齿轮与壳体的径向和端面间隙很小。主动轴与主动齿轮用键连接，从动齿轮空套在从动轴上。

图 6-2-1　齿轮式机油泵

工作时，主动齿轮带动从动齿轮反向旋转。两齿轮旋转时，充满在齿轮齿槽间的机油沿油泵壳壁由进油腔带到出油腔，在进油腔一侧由于齿轮脱开啮合以及机油被不断带出而产生真空，使油底壳内的机油在大气压力作用下经集滤器进入进油腔，而在出腔一侧由于齿轮进入啮合和机油被不断带入而产生挤压作用，机油以一定压力被泵出。

齿轮式机油泵结构简单，机械加工方便，工作可靠，使用寿命长，应用较广泛。

2. 转子式机油泵

转子式机油泵由壳体、内转子、外转子和泵盖等组成，如图 6-2-2 所示。内转子用键或销子固定在转子上，由曲轴齿轮直接或间接驱动，内转子和外转子中心存在一定的偏心距，内转子带动外转子一起沿同一方向转动。内转子有 4 个凸齿，外转子有 5 个凹齿，这样内、外转子就能同向不同步地旋转。

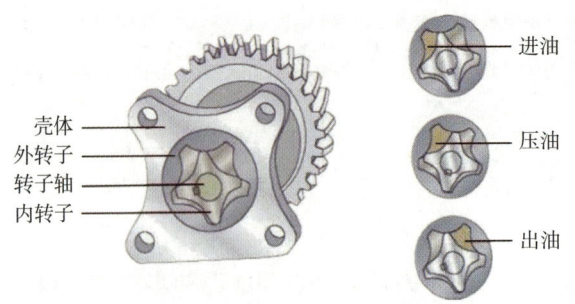

图 6-2-2 转子式机油泵

如图 6-2-2 所示的转子式机油泵工作原理示意图中，转子齿形齿廓设计使得转子转到任何角度时，内、外转子每个齿的齿形廓线上总能互相成点接触。这样内、外转子间形成 4 个工作腔，随着转子的转动，这 4 个工作腔的容积是不断变化的。在进油道的一侧空腔，由于转子脱开啮合，容积逐渐增大，产生真空，机油被吸入，转子继续旋转，机油被带到出油道的一侧，这时，转子正好进入啮合，使这一空腔容积减小，油压升高，机油从齿间挤出，并经出油道压送出去。这样，随着转子的不断旋转，机油就不断地被吸入和压出。

转子式机油泵结构紧凑，外形尺寸小，重量轻，吸油真空度较大，泵油量大，供油均匀度好，成本低，在中、小型发动机上应用广泛。

二、机油滤清器

发动机工作时，机油中会不可避免地混有一些杂质。这些杂质主要是渗入机油的摩擦表面产生的金属磨屑、大气中的尘埃，以及燃料燃烧不完全所产生的炭粒等。此外，机油本身也会因受热氧化而产生胶状沉淀物。如果不经任何处理，机油中的机械杂质就会成为运动零件表面的磨料，加速零件的磨损，并且引起油道堵塞及活塞环、气门等零件胶结。因此必须在润滑系统中加装机油滤清器，使循环流动的机油经过净化处理后再送往运动零件表面。这样，才能保证摩擦表面的良好润滑，延长运动零件的工作寿命。

一般润滑系统中装有几个不同滤清能力的滤清器。集滤器、粗滤器和细滤器分别串联和并联在主油道中。与主油道串联的滤清器称为全流式滤清器，一般为粗滤器；与主油道并联的滤清器称为分流式滤清器，一般为细滤器。

1. 滤器

集滤器是具有金属网的滤清器，安装于机油泵进油管上，其作用是防止较大的机械杂质进入机油泵。集滤器有浮式和固定式两种结构形式。如图 6-2-3 所示的浮式集滤器飘浮于机油表面吸油，它能吸入油面上较清洁的机油，但易吸入油面上的泡沫，使机油压力，影响机油可靠润滑，因此目前实际应用还不多。固定式集滤器淹没在油面之下吸油，吸入的机油清洁度较差，但可防止泡沫吸入，润滑可靠，结构简单，正逐步取代浮式集滤器。

图 6-2-3 浮式集滤器

2. 机油粗滤器

如图6-2-4所示，滤网堵塞时粗滤器常被用于滤去机油中粒度较大的杂质，机油流动阻力小，它通常串联在机油泵与主油道之间，属于全流式滤清器。当机油通过细小的孔眼或缝隙时，粗滤器可将大于孔眼或缝隙的杂质过滤存留在滤芯外部。滤芯不同，其结构形式也不同。传统的粗滤器多采用金属片缝隙式和绕线式，现多采用纸质式和锯末式。

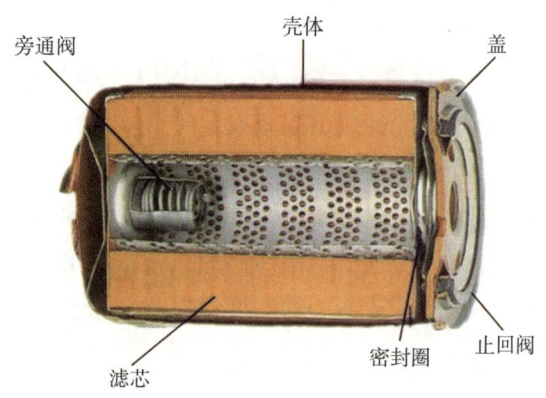

图6-2-4 滤清器结构

三、机油散热器和冷却器

发动机工作时机油黏度随着温度升高而变稀，润滑能力逐渐降低。因此，除利用油底壳对机油进行散热外，对于大功率柴油机和大排量汽油机等热负荷较大的发动机还须装有专门的机油散热器和机油冷却器等机油散热装置，以维持机油相对恒定的工作温度，保证机油发挥正常的润滑能力。

1. 机油散热器

机油散热器由散热管、限压阀、开关、进出水管等组成，如图6-2-5所示。其结构与冷却水散热器相似。机油散热器一般安装在冷却水散热器的前面，与主油道并联。机油泵工作时，一方面输送给主油道，另一方面经限压阀、机油散热器开关，进油管进入机油散热器内，冷却后从出油管流回机油盘，如此连续不断地循环往复。

2. 机油冷却器

将机油冷却器置于冷却管路中，以冷却液作为中间的传热媒介来控制润滑油的温度。当润滑油温度高时，利用冷却液降温；当发动机刚刚起动时，则从冷却液吸收热量使润滑油迅速提高温度。机油冷却器由铝合金铸成的壳体、前盖、后盖和铜芯管组成，如图6-2-6所示。为了加强冷却，管外又套装了散热片。冷却液在管外流动，润滑油在管内流动，两者进行热量交换。相反地，也有使油在管外流动，而冷却液在管内流动的结构。

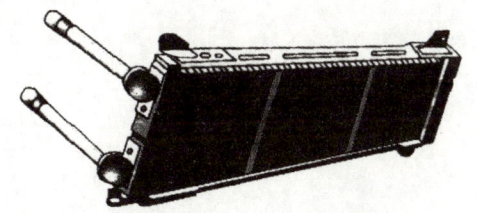

图6-2-5 机油散热器

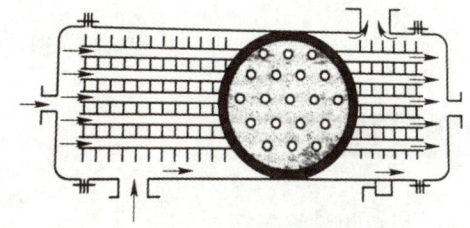

图6-2-6 机油冷却器

四、阀门

机油冷却器在发动机润滑系统中均设有几个限压阀和旁通阀，以确保整个润滑系统管路正常工作。

1. 限压阀

机油供油压力随着发动机转速增加而升高，当润滑系中油路淤塞、轴承间隙过小或使用的机油黏度过大时，也将会使供油压力增高。因此，在润滑系统中的机油泵和主油道之间设置有限压阀，限制机油最高压力，以确保系统安全运行。

当机油泵和主油道上机油压力超过预定的压力时，克服限压阀弹簧作用力，顶开阀门，一部分机油从侧面通道流入油底壳内，使油道内的油压下降至设定的正常值后，阀门关闭。

2. 旁通阀

旁通阀用以保证润滑系内油路畅通，当机油滤清器堵塞时，机油通过并联在其上的旁通阀直接进入润滑系的主油道，防止主油道断油。旁通阀与限压阀的结构基本相同，只是其安装位置、控制压力、溢流方向不同，通常旁通阀弹簧刚度比限压阀弹簧刚度小得多。

五、油尺和机油压力开关

1. 油尺

油尺是用来检查油底壳内油量和油面高低的。它是一片金属杆，下端制成扁平，并有标示上下限度的刻度线。机油油面必须处于油尺上下刻线之间。

2. 机油压力开关

机油压力开关安装在润滑系统主油道上与机油相通，用于检测发动机有无机油压力，如图6-2-7所示。打开发动机点火开关，由机油压力开关控制的油压指示灯亮；当发动机起动后机油压力超过0.031MPa时，该灯熄灭；如发动机机油压力降至0.031MPa以下时，机油压力开关则将油压指示灯电路接通，油压指示灯闪亮。

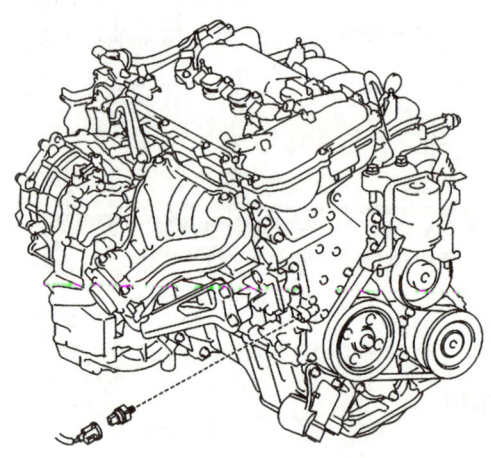

图6-2-7 机油压力开关

任务实施

一、前期准备

安全防护：实训着装、完成设备防护和场地准备。

工具设备：防护用品、常用拆装工具、测量工具等。
实训设备：发动机总成台架或实训车。
辅助资料：维修手册、教材。

二、操作项目

1. 拆装机油泵

（1）将1号汽缸设置到压缩位置，如图6-2-8所示。

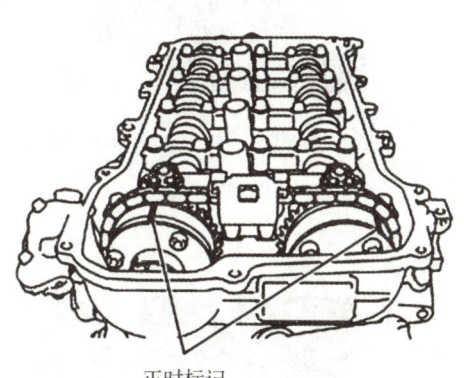

图6-2-8　将1号汽缸设置到压缩位置

（2）用专用工具取下曲轴皮带轮固定螺栓和皮带轮，如图6-2-9、图6-2-10所示。

图6-2-9　取下皮带轮固定螺栓

图6-2-10　取下皮带轮

（3）拆卸1号链条张紧器总成，如图6-2-11所示。

（4）拆卸正时链条盖分总成，如图6-2-12所示。

图 6-2-11 拆卸 1 号链条张紧器总成

图 6-2-12 拆卸正时链条盖分总成

（5）拆卸链条张紧器导板，如图 6-2-13 所示。

（6）拆卸 1 号链条振动阻尼器，如图 6-2-14 所示。

图 6-2-13 拆卸链条张紧器导板

图 6-2-14 拆卸 1 号链条振动阻尼器

（7）拆卸链条分总成，如图 6-2-15 所示。

（8）拆卸曲轴正时链轮，如图 6-2-16 所示。

图 6-2-15 拆卸链条分总成

图 6-2-16 拆卸曲轴正时链轮

（9）拆卸 2 号链条分总成。先紧固曲轴皮带轮螺栓（顺时针转动曲轴 90°），以便将机油泵主动轴链轮的调节孔对准机油泵槽口，如图 6-2-17 所示。再将一个直径为 3 mm 杆插入机油泵主动轴链轮的调节孔以便将齿轮锁定就位，然后拆下螺母，如图 6-2-18 所示。接着拆下螺栓、链条张紧器盖板和弹簧，如图 6-2-19 所示。最后拆下曲轴正时链轮、机油泵主动轴齿轮和 2 号链条分总成，如图 6-2-20 所示。

图 6-2-17　顺时针转动曲轴 90°

图 6-2-18　锁定齿轮

图 6-2-19　拆下螺栓、链条张紧器盖板和弹簧

图 6-2-20　拆下曲轴正时链轮、机油泵主动轴齿轮和 2 号链条分总成

（10）拆下油底壳 10 个固定螺栓和 2 个固定螺母，取下油底壳总成，如图 6-2-21、图 6-2-22 所示。

图 6-2-21　拆下油底壳固定螺栓

图 6-2-22　取下油底壳总成

项目六　润滑系统的构造与拆装

153

（11）拆下机油泵3个固定螺栓，取下机油泵总成，如图6-2-23、图6-2-24所示。

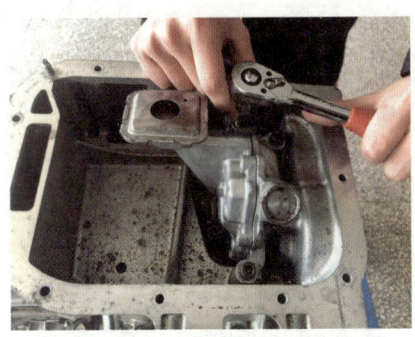
图6-2-23　拆下机油泵固定螺栓

图6-2-24　取下机油泵总成

（12）安装机油泵。按照机油泵拆卸的相反顺序进行安装。

（13）整理场地。

2.检修机油泵

（1）拆下机油泵限压阀螺塞，取出机油泵限压阀弹簧和限压阀，如图6-2-25、图6-2-26所示。

图6-2-25　拆下机油泵限压阀螺塞

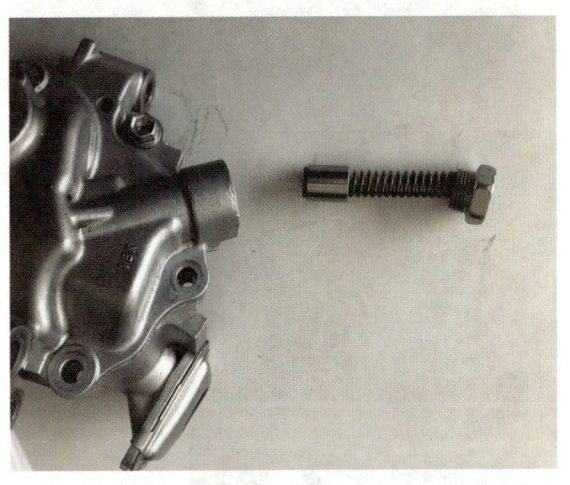
图6-2-26　取出机油泵限压阀弹簧和限压阀

（2）拆下机油泵盖5个固定螺栓，取下机油泵盖总成，如图6-2-27、图6-2-28所示。

图6-2-27　拆下机油泵盖5个固定螺栓

图6-2-28　取下机油泵盖总成

（3）检查机油泵限压阀，如图6-2-29所示。在机油泵限压阀上涂抹一层发动机机油，检查并确认该阀能依靠自身重量顺畅地滑入阀孔中。如果不能顺畅地滑入，则更换机油泵。

图 6-2-29　检查机油泵限压阀

（4）检查机油泵转子。先用测隙规测量主动转子和从动转子的顶部间隙，如图 6-2-30 所示。再用测隙规和精密直尺测量 2 个转子和精密直尺间的间隙，如图 6-2-31 所示。最后用测隙规测量从动转子和机油泵体间的间隙，如图 6-2-32 所示。

图 6-2-30　测量主动转子和从动转子的顶部间隙

图 6-2-31　测量 2 个转子和精密直尺间的间隙

图 6-2-32　测量从动转子和机油泵体间的间隙

提示：标准顶部间隙为 0.08~0.16mm；最大顶部间隙为 0.35mm，如果顶部间隙大于最大值，则更换机油泵。标准侧隙为 0.030~0.08mm；最大侧隙为 0.16mm，如果侧隙大于最大值，则更换机油泵。标准泵体间隙为 0.12~0.19mm；最大泵体间隙为 0.325mm，如果泵体间隙大于最大值，则更换机油泵。

3．拆装与检修机油压力开关

（1）断开机油压力开关连接器，如图 6-2-33 所示。

图 6-2-33　断开机油压力开关连接器

（2）测量机油压力开关与壳体的电阻值，如图 6-2-34 所示。怠速运转时，电阻应为 10 kΩ 或更大；发动机停止运转时，电阻应小于1Ω。如果测量值不符合要求，应更换机油压力开关。

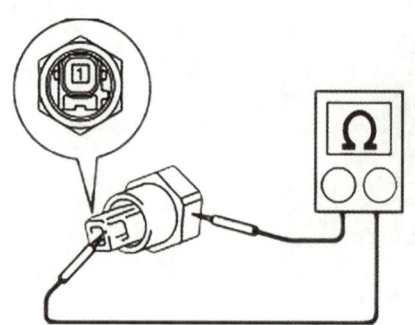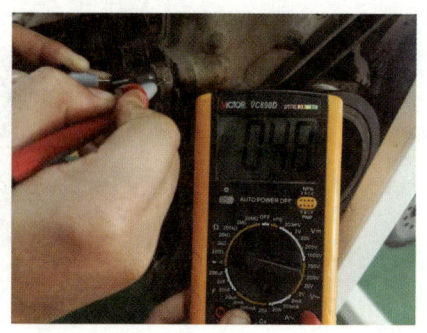

图 6-2-34　测量机油压力开关与壳体的电阻值

（3）用 24 mm 长套筒扳手，拆下机油压力开关，如图 6-2-35 所示。

图 6-2-35　拆下机油压力开关

（4）安装机油压力开关，连接机油压力开关连接器。

提示：安装前，应在机油压力开关上涂抹密封胶，并按规定力矩拧紧机油开关。

（5）整理场地。

三、任务考核

润滑系统的拆装与检修评分标准。

序号	作业项目	考核内容	配分	评分标准	扣分	得分
1	前期准备	清理工位及工位布置，清点工量具，设备的外观检查	5	未清理工位扣1分，未清点工量具扣1分，未对设备进行外观和安全检查扣3分		
2	零部件拆卸	能否正确按照维修手册的要求进行拆卸并按照规定摆放	15	未按照维修手册进行拆卸工作，每次扣2分		
3	零部件清洁	能否正确按照维修手册的要求进行零件的清洁	10	每一个元件未按照维修手册要求进行清洁扣2分		
4	零部件检测	能否正确利用维修资料完成零部件的检测，并分析得出结论和维修建议	20	不能正确利用维修资料完成零部件的检测每项扣5分，测量条件不正确每一次扣5分，结论或维修建议错误每次扣5分		
5	零部件安装	能否正确按照维修手册的要求进行安装并按照规定进行紧固	20	未按照维修手册进行安装工作包括紧固角度、扭矩值错误等，每次扣2分		
6	记录表填写	测量值填写是否正确、完整	10	测量值填写错误、不完整，每项扣2分		
7	维修资料使用	能否正确使用维修资料	10	不会使用维修资料扣10分，使用不熟练扣5分		

续表

序号	作业项目	考核内容	配分	评分标准	扣分	得分
8	6S现场管理	遵守实训室安全操作规范，正确使用工量具，无人身伤害和设备损坏	10	每单项扣2分，扣完为止。因违规操作发生人身伤害和设备损坏，此项不得分		
		合计	100			

项目测评

一、填空题

1. 润滑系统具有 _____、_____、_____ 和润滑等作用。
2. 机油泵结构形式可分为 _____ 和 _____ 两类。
3. 齿轮式机油泵由 _____、_____、_____、_____ 及壳体组成。
4. 润滑方式包括 _____、_____、_____、_____ 等四种。
5. 曲轴箱包括 _____ 和 _____ 两种。

二、单项选择题

1. 正常工作的发动机，其机油泵的安全阀应该是（　　）。
   A. 经常处于溢流状态　　　B. 经常处于关闭状态
   C. 热机时开，冷机时关　　D. 热机时关，冷机时开
2. 以一定的压力把润滑油供入摩擦表面的润滑方式是（　　）。
   A. 润滑脂润滑　　B. 压力润滑　　C. 飞溅润滑　　D. 浸油润滑
3. 检查发动机机油余量时，应在（　　）测量。
   A. 发动机怠速时　B. 发动机停机时　C. 发动机高速时　D. 发动机急加速时
4. 机油在运动零件的所有摩擦表面之间形成连续的（　　）。
   A. 油液　　　　B. 润滑油　　　　C. 油膜　　　　D. 润滑层

三、判断题（对的画"√"，错的画"×"）

1. 更换油底壳密封圈时，若油底壳密封圈无损坏，可继续使用。（　　）
2. 更换机油泵时，废弃润滑油不得随意丢弃。（　　）
3. 对发动机机油进行更换时，应同时更换机油滤清器。（　　）
4. 发动机机油在流经零件表面时，可以降低零件温度。（　　）

四、简答题

1. 润滑系统的功用是什么？
2. 发动机油底壳有什么作用？
3. 简述机油泵的结构。
4. 简述检查和更换发动机机油的过程。
5. 简述发动机机油泵的拆装与检修流程。

项目七 冷却系统的构造与拆装

学习目标

知识目标：
- 掌握冷却系统的作用及分类。
- 掌握冷却系统的组成和基本工作原理。
- 掌握水冷系统的主要结构及工作原理。

技能目标：
- 能够在实训车或台架上快速准确地找到冷却系统各部件的位置。
- 能够选择和使用正确的拆装工具拆装冷却系统各组件。
- 能够根据维修手册正确对冷却系统各组件进行检修。

职业素养目标：
- 严谨的科学态度和精益求精的学习作风。
- 及时反思总结，在训练中积累经验。
- 养成良好的团队合作能力。
- 严格执行6S现场管理（SEIRI——整理、SEITON——整顿、SEISO——清扫、SEIKETSU——清洁、SHITSUKE——素养、SECURITY——安全），养成良好的职业习惯。

任务一　认知冷却系统

任务引入

某轿车运行中冷却液温度一直无法达到正常的工作温度；经初步检查，判断是发动机冷却系统出现故障，须进行拆卸维修。如果你是该项目的维修技师，那么你知道冷却系统的构造吗？

背景知识

发动机工作时，汽缸内的气体温度可高达250℃，若不及时冷却，将造成发动机零部件温度过高，尤其是直接与高温气体接触的零件，会因受热膨胀影响正常的配合间隙，导致运动件受阻甚至卡死。此外，高温还会造成发动机零部件的热疲劳导致机械强度下降，也可能会使润滑油失去作用。

一、冷却系统的功用

正常工作的发动机因为高温燃气作用和高速摩擦作用,部分零部件比如活塞、汽缸盖和气门等的局部温度很高。若不进行冷却,零件过热将破坏正常的配合间隙,降低机械强度和刚度;高温下润滑油黏度降低,润滑性能恶化,零件磨损加剧;高温下发动机充气不良,汽油机易产生不正常燃烧。因此,发动机温度过高将会带来工作可靠性下降,使用寿命缩短,动力性和经济性恶化等一系列后果。但是,若发动机在过冷状态下工作,将造成混合气形成不良、燃烧恶化等问题,进而发动机的动力性、经济性下降,寿命缩短等。因此,必须对发动机进行适度的冷却。

发动机冷却系统的作用在于将受热零件吸收的部分热量及时散发出去,保证发动机在最适宜的温度状态下工作。冷却系统既要防止发动机过热,也要防止冬季发动机过冷。在发动机冷态起动之后,冷却系统还要保证发动机迅速升温,尽快达到正常的工作温度。

二、冷却系统分类

按照冷却介质不同,发动机的冷却系统有风冷与水冷之分,如图 7-1-1 所示。

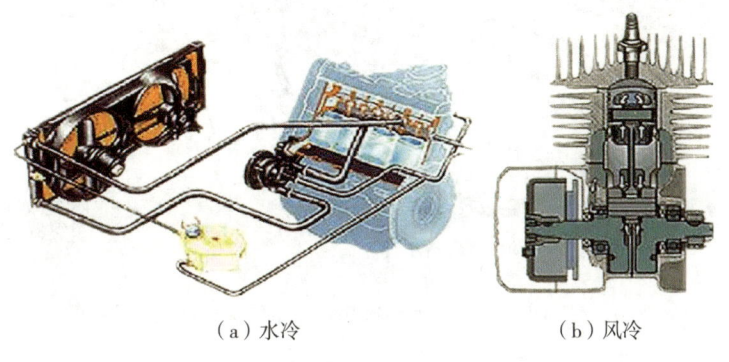

(a)水冷　　　　　　(b)风冷

图 7-1-1　冷却系统

1. 水冷系统

冷却液为冷却介质,首先通过水套将发动机中高温零件的热量传递给冷却液,然后再经过散热器将热量散失给大气的冷却装置称为水冷系统,如图 7-1-1(a)所示。

因为水冷系统冷却均匀,效果好,而且发动机运转噪声小,所以目前汽车发动机上广泛采用的是水冷系统。

汽车发动机的冷却系统常采用强制循环。强制循环水冷系统由水泵、散热器、冷却风扇节温器、补偿水桶、发动机机体、汽缸盖中的水套,以及其他附属装置等组成。该系统利用水泵提高冷却液压力,强迫冷却液在发动机中循环流动。有些发动机的水冷系统,温度较低的冷却液首先被引入汽缸盖水套,然后才流过机体水套,这些水冷系统被称为逆流式水冷系统。这种水冷系统由于改善了燃烧室的冷却而允许发动机有较高的压缩比,从而提高了发动机的热效率和功率。

2. 风冷系统

如图 7-1-1(b)所示,以空气为冷却介质把发动机中高温零件的热量直接散入大气而进行冷却的装置称为风冷系统。

发动机风冷系统利用大功率风扇使高速空气流直接吹过汽缸盖和汽缸体的表面来有效地降低受热零件的温度。为了强化传热,在汽缸盖和汽缸体的外表面布置了一定形状的散热片,确保发动机在最适当的温度范围内可靠地工作。风冷系统具有结构简单、质量轻、故障少和使用、维修方便等优点,但因其冷却效果可靠性差，目前在汽车上很少使用。

三、冷却系统组成、水道及工作原理

1. 冷却系统的组成

汽车发动机，尤其是轿车发动机大都采用水冷系统，只有少数汽车发动机采用风冷系统。因此，在此仅以水冷系统为例来说明冷却系统的工作原理及基本结构组成。汽车水冷系统主要由冷却装置、冷却强度调节装置和冷却液温度显示装置三个部分组成。如图7-1-2所示为强制循环水冷系统，该系统主要由水泵、散热器、冷却风扇、节温器、冷却液膨胀箱（补偿水桶）、发动机机体、汽缸盖中的水套，以及其他附属装置等组成。

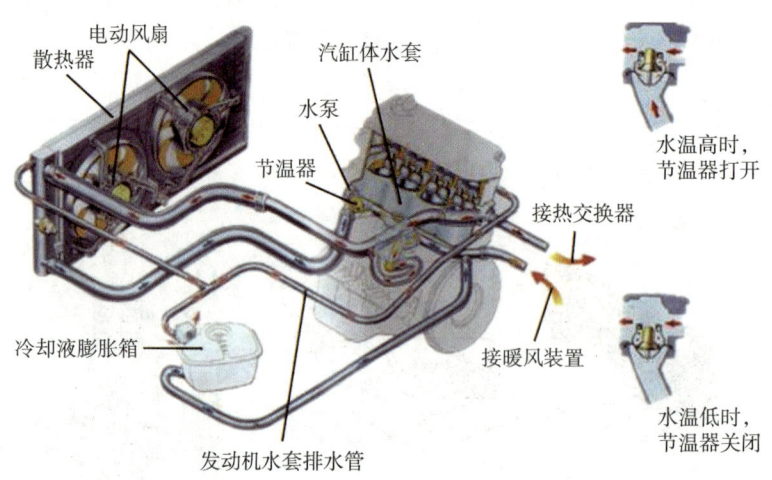

图 7-1-2　强制循环水冷系统的组成

2. 水道

在图7-1-2所示的冷却系统中，散热器内的冷却液经水泵加压后通过分水管压送到汽缸体水套和汽缸盖水套内，冷却水在吸收了机体的大量热量后经汽缸盖出水孔流回散热器。由于有风扇的强力抽吸，汽车行驶时的迎面空气由前向后高速通过散热器。因此，受热后的冷却水在流过散热器芯的过程中，热量不断地散发到大气中去，冷却后的水流到散热器的底部，又被水泵抽出，再次压送到发动机的水套中，如此不断循环，把热量不断地输送到大气中去，使发动机不断地得到冷却。

3. 工作原理

如图7-1-3所示的强制循环水冷系统中，冷却液在水泵中增压后，经分水管进入发动机的机体水套。冷却液从水套壁周围流过并从水套壁吸热而升温；然后向上流入汽缸盖水套，从汽缸盖水套壁吸热之后经节温器及散热器进水软管流入散热器；在散热器中，冷却液向流过散热器周围的空气散热而降温；最后冷却液经散热器出水软管返回水泵，如此循环往复。在汽车行驶时或冷却风扇工作时，空气从散热器周围高速流过，以增强对冷却液的冷却。不论是铜制或不锈钢制的分水管，还是直接铸在机体上的分水道，都在纵向开有出水孔，并与机体水套相通，离水泵越远，出水孔越大，其数目通常与汽缸数相同。分水管或分水道的作用是保持多缸发动机各汽缸的冷却强度均匀一致。

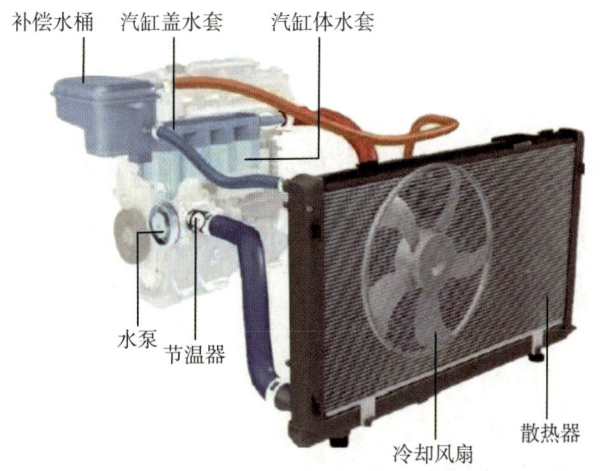

图 7-1-3 强制循环水冷系统

大多数发动机采用安装在冷却液循环通路中的节温器来改变冷却水的流量和流动路线，以达到自动调节冷却强度的目的。当发动机在正常热状态下工作时，冷却液温度高于 90℃，节温器阀门打开了通往散热器的通道，同时关闭了通往水泵的旁通管，冷却水全部流经散热器，形成大循环，如图 7-1-4 所示。

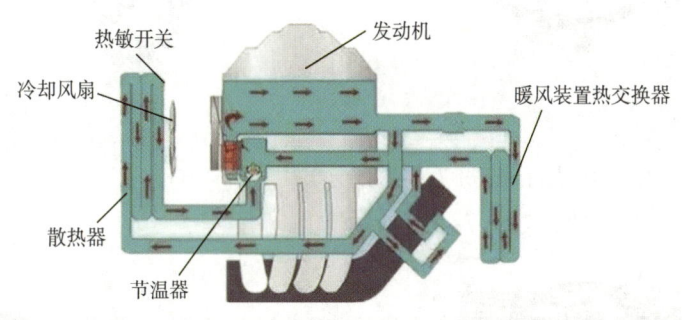

图 7-1-4 冷却系统大循环

当冷却液温度低于 80℃时，节温器阀门关闭了通往散热器的通道，同时打开了通往水泵的旁通管，水套内的冷却液只能由旁通孔流出且经旁通管进入水泵，又被水泵压入发动机水套，此时冷却液并不流经散热器，只在水套与水泵之间进行小循环，如图 7-1-5 所示，从而防止发动机过冷。

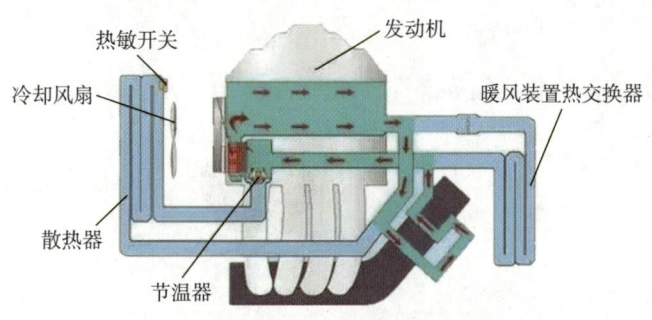

图 7-1-5 冷却系统小循环

当发动机的冷却水温在 80℃~90℃范围内，通往散热器的通道和通往水泵的旁通管均处于半开闭状态，此时一部分冷却液进行大循环，而另一部分冷却液进行小循环，此时称为混合循环。

任务实施

一、前期准备

安全防护：实训着装、完成设备防护和场地准备。
工具设备：防护用品、工具套装等。
实训设备：发动机总成台架或实训车。
辅助资料：维修手册、教材。

二、操作项目

1. 认知冷却系统主要组成部件

（1）在实训车上认知水泵，如图 7-1-6 所示。
（2）在实训车上认知散热器，如图 7-1-7 所示。

图 7-1-6　水泵

图 7-1-7　散热器

（3）在实训车上认知冷却风扇，如图 7-1-8 所示。
（4）在实训车上认知节温器，如图 7-1-9 所示。

图 7-1-8　冷却风扇

图 7-1-9　节温器

（5）在实训车上认知冷却液膨胀箱等部件，如图 7-1-10 所示。

图 7-1-10　冷却液膨胀箱

2. 检查与更换冷却液

（1）检查液位。观察冷却液膨胀水箱旁的刻度，冷却液的平面应在"FULL"与"LOW"之间，如图 7-1-11 所示。若冷却液液位偏低应立即添加冷却液。

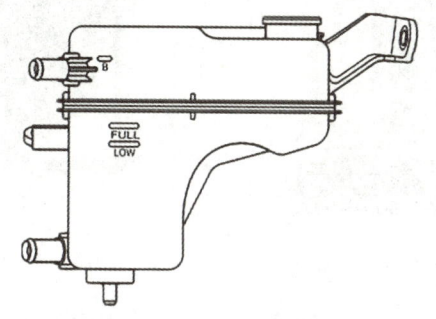

导学视频

图 7-1-11　液位刻度线

（2）检查冷却液是否泄漏。首先向散热器总成中注满发动机冷却液，然后连接冷却液膨胀水箱盖检测仪，如图 7-1-12 所示。然后泵压至 108kPa，检查并确认压力没有降低。如果压力下降，检查软管、散热器总成和水泵总成是否泄漏。如果发动机外部没有冷却液泄漏痕迹，则检查加热器芯、汽缸体和汽缸盖。

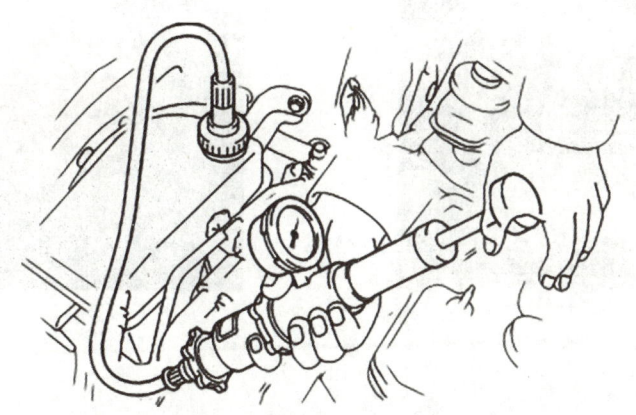

图 7-1-12　连接冷却液膨胀水箱盖检测仪

（3）排净发动机冷却液。先拆下冷却液膨胀水箱盖，松开散热器放水螺塞和汽缸体放水螺塞，排净发动机冷却液，如图 7-1-13 至图 7-1-16 所示。

图 7-1-13　拆下冷却液膨胀水箱盖

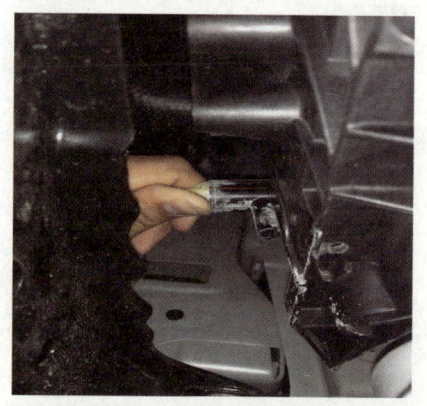

图 7-1-14　松开散热器放水螺塞

图 7-1-15 松开汽缸体放水螺塞

图 7-1-16 排净发动机冷却液

（4）添加新冷却液。紧固散热器放水螺塞和汽缸体放水螺塞（扭矩为 13 N·m），缓慢地将新冷却液添加至冷却液膨胀水箱加注口，如图 7-1-17 所示。接着起动发动机，发动机暖机至节温器打开。节温器打开时，使冷却液循环数分钟。待发动机冷却后，检查并确认冷却液液位在"FULL"和"LOW"刻度线之间，如图 7-1-18 所示。如果冷却液液位低，则向储液罐内添加冷却液至"FULL"。

图 7-1-17 添加新冷却液

图 7-1-18 液位在"FULL"和"LOW"刻度线之间

三、任务考核

认知冷却系统评分标准。

序号	作业项目	考核内容	配分	评分标准	扣分	得分
1	前期准备	清理工位及工位布置，设备的外观检查	10	未清理工位扣5分，未对设备进行外观和安全检查扣5分		
2	认知冷却系统部件	能否快速找到并认知水泵 能否快速找到并认知散热器 能否快速找到并认知冷却风扇 能否快速找到并认知节温器 能否快速找到并认知冷却液膨胀箱	20	不能快速找到并准确说出冷却系统部件每次扣4分		
3	检查与更换冷却液	检查冷却液液位 检查冷却液是否泄漏 排净发动机冷却液 添加新冷却液	40	未按照维修手册技术规范进行操作，每项扣10分		
4	维修资料使用	能否正确使用维修资料	10	不会使用维修资料扣10分，使用不熟练扣5分		

续表

序号	作业项目	考核内容	配分	评分标准	扣分	得分
5	6S 现场管理	遵守实训室安全操作规范，无人身伤害和设备损坏	20	每单项扣 5 分，扣完为止。因违规操作发生人身伤害和设备损坏，此项不得分		
		合计	100			

任务二　冷却系统主要零部件的拆装与检修

任务引入

某轿车水温过高，无法自行调节，经初步检查，判断是发动机冷却系统出现故障，须进行拆卸维修。如果你是该项目的维修技师，那么你知道怎么操作吗？

背景知识

一、水泵

水泵的作用是对冷却水进行加压，维持整个系统循环流动所需的压差，加速冷却水的循环流动，保证冷却可靠。车用发动机上多采用离心式水泵。离心式水泵具有结构简单、尺寸小、排水量大、维修方便等优点。

1. 离心式水泵的结构

离心式水泵具有结构简单、尺寸小、压头大、维修方便等优点，因此，车用发动机上多采用离心式水泵，如图 7-2-1 所示。离心式水泵主要由泵体、叶轮和水泵轴组成，叶轮一般是径向或向后弯曲的，其数目一般为 6~9 片，固定在水泵轴上。

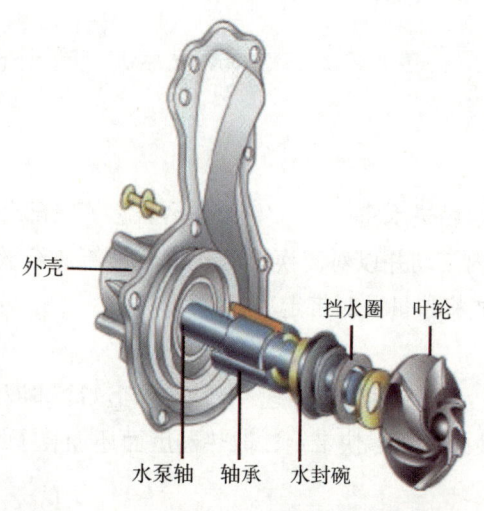

图 7-2-1　离心式水泵的结构

2. 离心式水泵的工作原理

如图 7-2-2 所示，当叶轮旋转时，水泵中的水被叶轮带动一起旋转，在离心力作用下，水被甩向叶轮边缘，然后经外壳上与叶轮成切线方向的出水管压送到发动机水套内。与此同时，叶轮中心处的压力降低形成部分真空，散热器中的水便经进水管被吸进叶轮中心部分。如此连续的作用，使冷却液在水路中不断地循环流动。

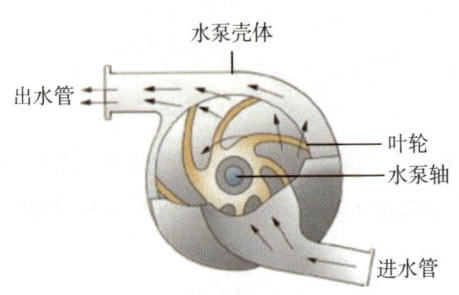

图 7-2-2　离心式水泵的工作原理

3. 离心式水泵的驱动装置

如图 7-2-3 所示，水泵一般由曲轴通过 V 形皮带驱动。传动带环绕在曲轴带轮和水泵带轮之间，因此水泵转速与发动机转速成比例。除此之外有些发动机的水泵直接由凸轮轴驱动。

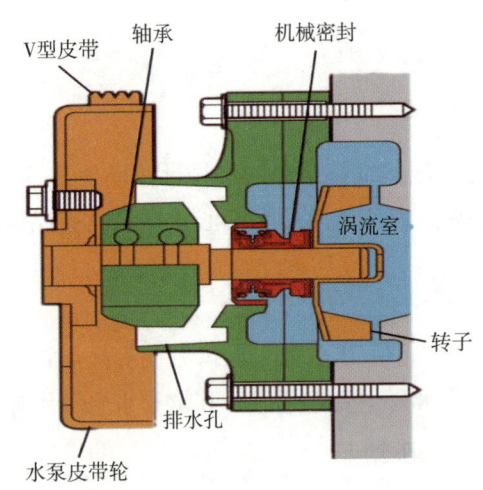

图 7-2-3　离心式水泵的驱动装置

二、散热器

发动机水冷系统中的散热器由进水室、出水室和散热器芯等三部分构成。散热器实际上就是一个热交换器，冷却液在散热器芯内流动并以对流换热方式将热量传递给散热器芯，空气流过散热器芯外表面并以对流和辐射换热的方式将热量及时带走。

1. 功用

散热器的作用主要在于增大散热面积，加速冷却液冷却。冷却液经过散热器后，其温度可降低 10℃~15℃。为了将散热器交换的热量尽快带走，散热器后面还加装了风扇，以便强制散热。

2. 结构

散热器又称为水箱，由上、下储水室和散热器芯等组成，如图 7-2-4 所示。

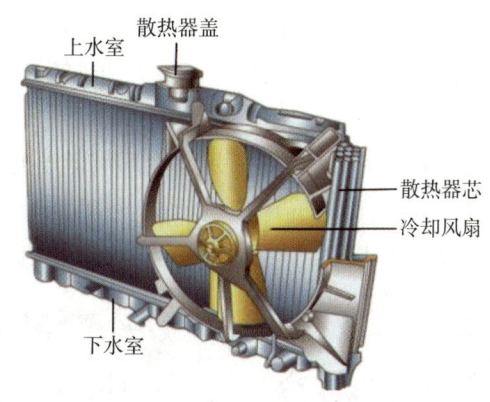

图 7-2-4　散热器的结构

（1）上、下储水室

散热器上储水室顶部有加水口，冷却液由此注入整个冷却系统并用散热器盖盖住。在上储水室和下储水室分别装有进水管和出水管，散热器的进水管和汽缸盖的出水管相连，散热器的出水管和水泵的进水管相连。在散热器下面一般装有减振垫，防止散热器受振动而损坏。在散热器下储水室的出水管上还装有放水开关，必要时可将散热器内的冷却水放掉。

（2）散热器芯

散热器芯由许多冷却水管和散热片组成，其中散热片主要就是为了尽可能地增加其散热面积而达到强化换热的效果。散热器芯的构造形式有多样，常用的有管片式和管带式两种，如图 7-2-5 所示。

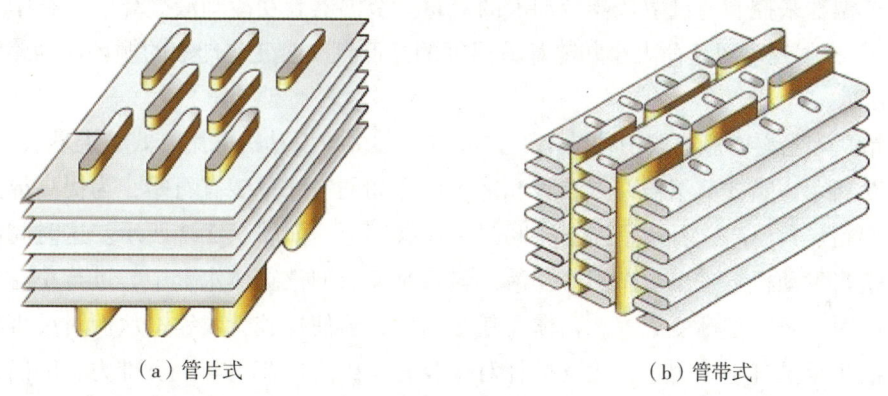

（a）管片式　　　　　　　　（b）管带式

图 7-2-5　散热器芯

三、风扇

冷却风扇置于散热器后面。当发动机在车架上纵向布置时，风扇一般安装在水泵轴上，并由驱动水泵和发电机的同一根 V 形皮带传动。

1. 功用

提高通过散热器芯的空气流速，增加对流散热效果，加速冷却液的冷却。当风扇旋转时，对空气产生抽吸作用，使之沿轴向流动。空气流由前向后通过散热器芯，使流经散热器芯的冷却液加速冷却。

2. 结构

车用发动机的风扇通常有两种形式：轴流式风扇和离心式风扇。轴流式风扇所产生的风，其流向与风扇轴平行，风量大、效率高、结构简单、布置方便；而离心式风扇所产生的风，其流向为径向，压头大。汽车发动机水冷系统多采用低压头、大风量、高效率的轴流式风扇。

3. 工作原理

电动风扇的工作由水温开关控制。如图 7-2-6 所示，冷却液低温时，水温开关接通，风扇继电器即接地，继电器线圈的电磁力使触点保持断开，风扇电动机不能工作，风扇不转；冷却液高温时，水温开关断开，风扇继电器电路即中断，风扇继电器接头闭合，向风扇电动机供电，使风扇高速转动。

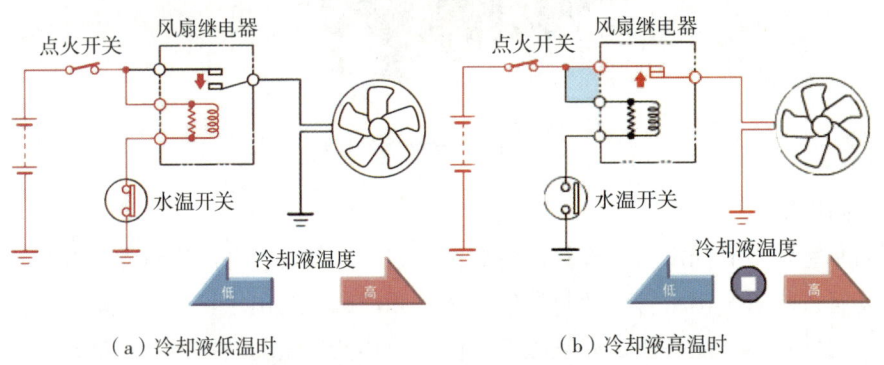

图 7-2-6　冷却风扇的工作原理

四、冷却强度调节装置

通常利用节温器来控制通过散热器冷却液的流量。节温器装在冷却液循环的通路中（一般装在汽缸盖的出水口），根据发动机负荷大小和冷却液温度的高低自动改变冷却液的循环流动路线来调节冷却系统的冷却强度。

节温器有蜡式和乙醚膨胀筒式两种结构形式，目前大多数发动机采用蜡式节温器。

如图 7-2-7 所示，蜡式节温器在橡胶管和感应体之间的空间里装有石蜡，为提高导热性，石蜡中常掺有铜粉或铝粉。常温时，石蜡呈固态，阀门压在阀座上，如图 7-2-7 所示。这时阀门关闭通往散热器的水路，来自发动机缸盖出水口的冷却液，经水泵又流回汽缸体水套中，进行小循环。当发动机冷却液温度升高时，石蜡逐渐变成液态，体积随之增大，迫使橡胶管收缩，从而对反推杆上端头产生向上的推力。由于反推杆上端固定，故反推杆对橡胶管、感应体产生向下反推力，阀门开启，当发动机冷却液温度达到 80℃ 以上时，阀门全开，来自汽缸盖出水口的冷却液流向散热器而进行大循环。

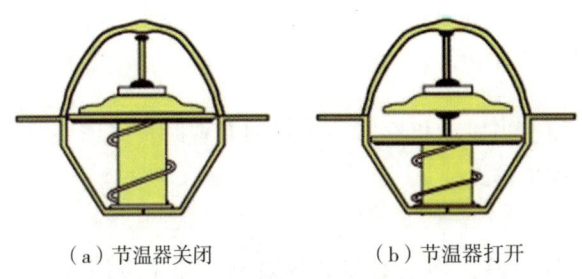

图 7-2-7　节温器

五、变速器机油冷却器

对于装有自动变速器的汽车，自动变速器中的机油可能过热，因此，必须安装变速器机油冷却器，如图 7-2-8 所示。机油过热会降低变速器性能甚至造成变速器损坏。变速器机油冷却器通常就是一根冷却管，置于散热器的出水室内，由冷却液对流过冷却管的变速器机油进行冷却，在变速器和冷却器之间用金属管或橡胶软管连接。

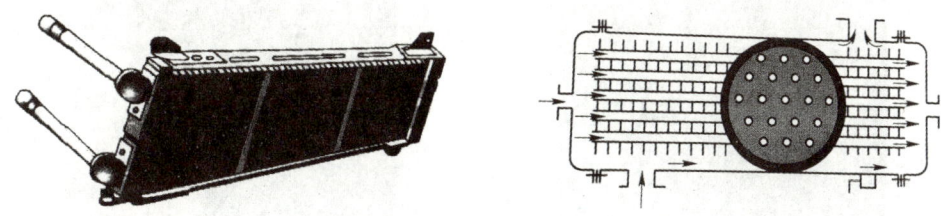

图 7-2-8　机油冷却器

六、风冷系统

风冷系统是利用高速空气流直接吹过汽缸盖和汽缸体的外表面，把从汽缸内部传出的热量以热对流和辐射换热的方式散发到大气中去，以保证发动机在最佳的温度范围内工作。

发动机汽缸和汽缸盖采用传热较好的铝合金铸造而成，为了增大散热面积各缸一般都分开制造，并在汽缸和汽缸盖表面分布许多均匀排列的散热片，利用车辆行驶时的高速空气流，把热量吹散到大气中去。

七、冷却液

冷却液又称防冻液，是由防冻添加剂及防止金属产生锈蚀的添加剂和水组成的混合液体。冷却液具有防冻性、防蚀性、热传导性和不变质的性能。最常用的防冻剂是乙二醇。

◎ 任务实施

一、前期准备

安全防护：实训着装、完成设备防护和场地准备。
工具设备：防护用品、常用拆装工具、测量工具等。
实训设备：发动机总成台架或实训车。
辅助资料：维修手册、教材。

二、操作项目

1. 拆装与检修水泵

（1）排净发动机冷却液。

（2）拆卸水泵传动皮带。先松开螺栓 A 和 B，再松开螺栓 C，然后拆下传动皮带，如图 7-2-9 至图 7-2-12 所示。

图 7-2-9 松开螺栓 A

图 7-2-10 松开螺栓 B

图 7-2-11 松开螺栓 C

图 7-2-12 拆下传动皮带

（3）从正时链条盖上拆下 5 个固定螺栓，取下水泵总成，如图 7-2-13、图 7-2-14 所示。

图 7-2-13 拆下 5 个固定螺栓

图 7-2-14 取下水泵总成

（4）从正时链条盖上拆下水泵衬垫，如图 7-2-15 所示。

（5）转动水泵皮带轮，检查并确认水泵轴承运转平稳且无噪音，如图 7-2-16 所示。如有异常，应更换水泵。

图 7-2-15 拆下水泵衬垫

图 7-2-16 转动水泵皮带轮

（6）按照水泵拆卸的相反顺序进行安装，并添加冷却液。

提示：所有的螺栓应按规定力矩拧紧，水泵传动带张紧力应调整至规定值，冷却液液位应在 FULL 和 LOW 刻度线之间。

（7）整理场地。

2. 拆装与检修节温器

（1）排净发动机冷却液。

（2）拆卸进水口 2 个固定螺母，取下进水口，如图 7-2-17、图 7-2-18 所示。

图 7-2-17 拆卸进水口 2 个固定螺母

图 7-2-18 取下进水口

（3）拆下节温器和衬垫，如图 7-2-19、图 7-2-20 所示。

图 7-2-19 拆下节温器

图 7-2-20 拆卸衬垫

（4）检查节温器。阀门的开启温度刻在节温器上，如图 7-2-21 所示。先将节温器浸入水中然后逐渐将水加热，如图 7-2-22 所示。再检查节温器阀开启温度，阀门开启温度应为 80℃～84℃。如果阀门开启温度不符合规定,则更换节温器。接着检查阀门升程,阀门升程在95℃时应为10 mm或更大,如图7-2-23所示。如果阀门升程不符合规定,则更换节温器。

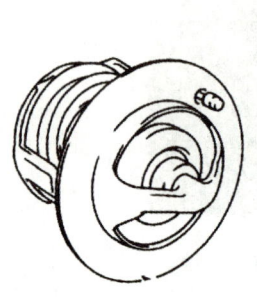  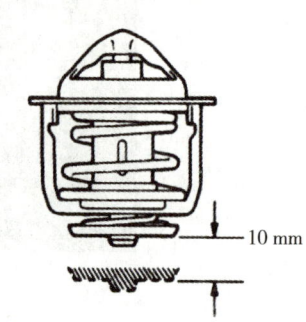

图7-2-21 阀门的开启温度　　　　图7-2-22 加热节温器　　　　图7-2-23 检查阀门升程

(5)当节温器处于低温(低于77℃)时,检查并确认阀门能否全关。如果不能全关,则更换节温器。

(6)按照节温器拆卸的相反顺序进行安装,并添加冷却液。

提示:所有的螺母应按规定力矩拧紧,冷却液液位应在"FULL"和"LOW"刻度线之间。

(7)整理场地。

三、任务考核

冷却系统的拆装与检测评分标准。

序号	作业项目	考核内容	配分	评分标准	扣分	得分
1	前期准备	清理工位及工位布置,清点工量具,设备的外观检查	5	未清理工位扣1分,未清点工量具扣1分,未对设备进行外观和安全检查扣3分		
2	零部件拆卸	能否正确按照维修手册的要求进行拆卸并按照规定摆放	15	未按照维修手册进行拆卸工作,每次扣2分		
3	零部件清洁	能否正确按维修手册的要求进行零件的清洁	10	每一个元件未按照维修手册要求进行清洁扣2分		
4	零部件检测	能否正确利用维修资料完成零部件的检测,并分析得出结论和维修建议	20	不能正确利用维修资料完成零部件的检测每项扣5分,测量条件不正确每一次扣5分,结论或维修建议错误每次扣5分		
5	零部件安装	能否正确按照维修手册的要求进行安装并按照规定进行紧固	20	未按照维修手册进行安装工作,包括紧固角度、扭矩值错误等,每次扣2分		
6	记录表填写	测量值填写是否正确、完整	10	测量值填写错误、不完整,每项扣2分		
7	维修资料使用	能否正确使用维修资料	10	不会使用维修资料扣10分,使用不熟练扣5分		
8	6S现场管理	遵守实训室安全操作规范,正确使用工量具,无人身伤害和设备损坏	10	每单项扣2分,扣完为止。因违规操作发生人身伤害和设备损坏,此项不得分		
		合计	100			

项目测评

一、填空题

1. 冷却液的流向与流量主要由 _____ 来控制。
2. 散热器芯的结构形式有 _____ 和 _____ 两种。
3. 冷却系统包括 _____、_____、冷却风扇、_____、冷却液膨胀箱、冷却液等。
4. 冷却风扇一般安装在 _____。
5. 水泵一般是由 _____ 进行驱动。

二、单项选择题

1. 冷却系统中，用于调节冷却强度的是（ ）。
 A．散热器　　　B．冷却液泵　　　C．水套　　　D．节温器
2. 节温器中使阀门开闭的部件是（ ）。
 A．阀座　　　B．石蜡感应体　　　C．支架　　　D．弹簧
3. 使冷却水在散热器和水套之间进行循环的水泵旋转部件叫作（ ）。
 A．风扇　　　B．壳体　　　C．叶轮　　　D．水封
4. 散热器一般安装在发动机的（ ）。
 A．前方　　　B．后方　　　C．左方　　　D．右方
5. 水冷系统的冷却介质是（ ）。
 A．软水　　　B．添加剂　　　C．硬水　　　D．冷却液

三、判断题（对的画"√"，错的画"×"）

1. 发动机使用中，冷却液的温度越低越好。（　　）
2. 任何水都可以直接作为冷却液加注。（　　）
3. 冷却系统的大小循环线路由节温器来控制。（　　）
4. 发动机冷却系统可以为暖风系统提供热源。（　　）
5. 一般情况下，轿车发动机冷却系统普遍采用水冷系统。（　　）

四、简答题

1. 冷却系统的功用是什么？
2. 冷却液的作用是什么？
3. 简述节温器的工作过程。
4. 简述水泵的拆装过程。

项目八　起动系统的构造与拆装

学习目标

知识目标：
- 掌握发动机起动系统的起动条件、起动方式。
- 掌握起动机的组成、分类及作用。
- 掌握起动机主要部件的结构和工作原理。

技能目标：
- 能够在实训车或台架上快速准确地找到发动机起动系统各部件的位置。
- 能够选择和使用正确的拆装工具拆装发动机起动系统各组件。
- 能够根据维修手册正确对发动机起动系统各组件进行检修。

职业素养目标：
- 严谨的科学态度和精益求精的学习作风。
- 及时反思总结，在训练中积累经验。
- 养成良好的团队合作能力。
- 严格执行6S现场管理（SEIRI——整理、SEITON——整顿、SEISO——清扫、SEIKETSU——清洁、SHITSUKE——素养、SECURITY——安全），养成良好的职业习惯。

任务一　认知起动系统

任务引入

某轿车起动无反应，起动机不转，经初步检查，判断是发动机起动系统出现故障，需进行拆卸维修。如果你是该项目的维修技师，那么你知道发动机起动系统的构造吗？

背景知识

为了使静止的发动机进入工作状态，必须首先依靠外力作用带动发动机曲轴旋转，使活塞开始上下往复运动，汽缸内吸入可燃混合气，并将其压缩、点燃，体积迅速膨胀产生强大的动力，推动活塞运动并带动曲轴旋转，发动机才能自动地进入工作循环。待发动机正常工作后，起动系统关闭，切断外力作用。发动机的曲轴在外力作用下开始转动到发动机自动怠速运转的全过程，称为发动机的起动过程。完成起动所需要的机械和电气装置统称起动系统，如图8-1-1所示。

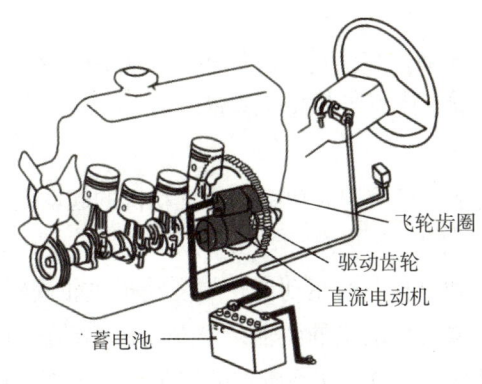

图 8-1-1 起动系统

一、起动条件

为了保证发动机正常顺利起动，必须满足以下两个基本条件：

1. 起动转矩

起动转矩能够使曲轴旋转必须克服压缩阻力和内摩擦阻力，是克服这些阻力所需的最低转矩。根据力矩平衡，起动力矩数量上应该等于或大于起动阻力矩，起动阻力矩与发动机压缩比、温度及机油黏度等有关。

2. 起动转速

能使发动机起动的曲轴最低转速称为起动转速。车用汽油发动机在温度为0℃~20℃时，起动转速最低起动转速一般为300~450 r/min。若起动转速过低，压缩行程内的热量损失过多，气流的流速过低，将使汽油雾化不良，导致汽缸内的混合气不易着火。

二、起动工作原理及起动方式

1. 起动工作原理

以电力起动机为例，如图8-1-2所示，起动时，接通起动开关给起动机电路通电，继电器吸引线圈和保持线圈通电，产生很强的磁力吸引铁芯，并带动驱动杠杆绕其销轴转动，使齿轮移出与飞轮齿圈啮合。与此同时，由于吸引线圈的电流通过电动机的绕组，电枢开始转动，齿轮在旋转中移出，减小冲击。当铁芯移动到使短路开关闭合的位置时，短路线路接通，吸引线圈被短路失去作用，保持线圈所产生的磁力足以维持铁芯处于开关吸合的位置。

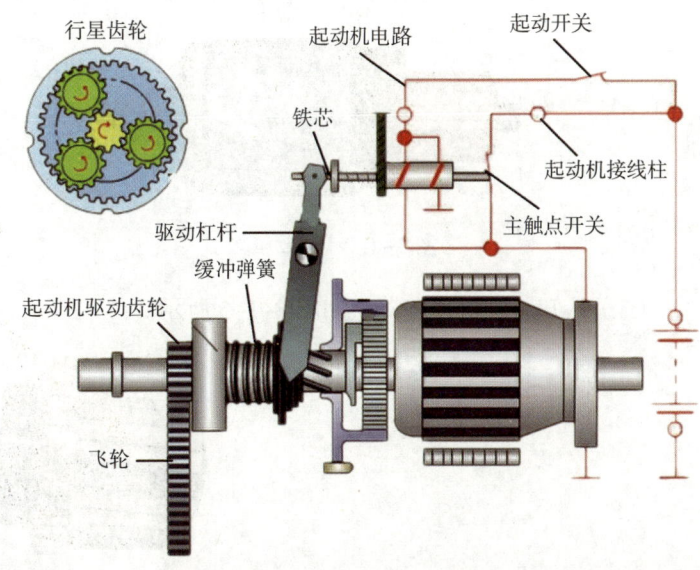

图 8-1-2 起动系统工作原理

2. 起动方式

发动机常用的起动方式有人力起动、辅助汽油机起动和电力起动机起动等多种形式。

（1）人力起动

人力起动即手摇起动或绳拉起动。其结构十分简单，主要用于大功率柴油机的辅助起动或在有些装备中、小功率汽油发动机的车辆上作为后备起动装置。

（2）辅助汽油机起动

起动装置的体积大、结构复杂，只用于大功率柴油发动机的起动。

（3）电力起动机起动

以电动机作为动力源，当电动机轴上的驱动齿轮与发动机飞轮周缘上的环齿啮合时，电动机旋转所产生的电磁转矩，通过飞轮传递给发动机的曲轴，使发动机起动。电力起动机以蓄电池为电源，结构简单、操作方便、起动迅速可靠。目前，几乎所有的汽车发动机都采用电力起动机起动。

任务实施

一、前期准备

安全防护：实训着装、完成设备防护和场地准备。
工具设备：防护用品、工具套装等。
实训设备：轿车起动机。
辅助资料：维修手册、教材。

二、操作项目

认知发动机电力起动机的组成部件

（1）认知起动机转子，如图8-1-3所示。
（2）认知起动机定子，如图8-1-4所示。

图 8-1-3 起动机转子

图 8-1-4 起动机定子

（3）认知起动机换向器，如图8-1-5所示。

图 8-1-5 起动机换向器

（4）认知起动机电刷架，如图 8-1-6 所示。
（5）认知起动机端盖，如图 8-1-7 所示。

图 8-1-6　起动机电刷架　　　　　　　图 8-1-7　起动机端盖

三、任务考核

认知发动机电力起动机的组成部件评分标准。

序号	作业项目	考核内容	配分	评分标准	扣分	得分
1	前期准备	清理工位及工位布置，设备的外观检查	10	未清理工位扣5分，未对设备进行外观和安全检查扣5分		
2	起动机部件认知	能否快速找到并认知起动机转子 能否快速找到并认知起动机定子 能否快速找到并认知起动机换向器 能否快速找到并认知起动机电刷架 能否快速找到并认知起动机端盖	50	不能快速找到并准确说出起动机部件每次扣10分		
3	维修资料使用	能否正确使用维修资料	20	不会使用维修资料扣20分，使用不熟练扣10分		
4	6S现场管理	遵守实训室安全操作规范，无人身伤害和设备损坏	20	每单项扣5分，扣完为止。因违规操作发生人身伤害和设备损坏，此项不得分		
		合计	100			

任务二　起动机的拆装与检修

导学视频

任务引入

某轿车起动无力，车辆无法正常起动，经初步检查，判断是起动机出现故障，需进行拆卸维修。如果你是该项目的维修技师，那么你知道怎么操作吗？

背景知识

现代汽车均采用电力起动机起动发动机。

一、起动机的组成

起动机俗称"马达",由直流电动机、传动机构和控制装置三大部分组成,如图8-2-1所示。直流电动机的作用是将蓄电池输入的电能转换为机械能,产生电磁转矩。传动机构的作用是利用驱动齿轮啮合发动机飞轮齿圈,将直流电动机的电磁转矩传给曲轴,发动机起动后迅速切断曲轴与电动机之间的动力传递。控制装置的作用是接通或切断起动机与蓄电池之间的主电路,并使驱动齿轮进入或退出与飞轮齿圈的啮合。有些起动机控制机构还有副开关,能在发动机起动时,使点火线圈的附加电阻短路,以增大起动时的点火能量。

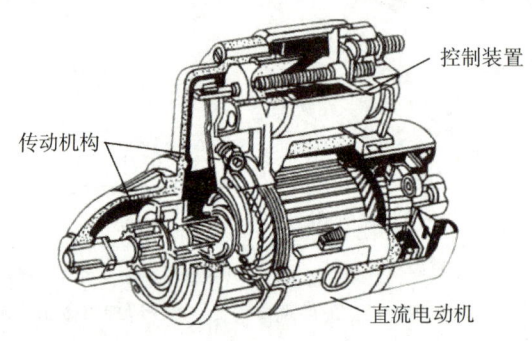

图8-2-1 起动机

二、起动机的分类

1. 按驱动齿的啮合方式分类

（1）惯性啮合式

起动机惯性啮合式起动机,起动时依靠离合器旋转的惯性力产生的轴向移动,使驱动齿轮啮入和退出飞轮齿圈。其工作可靠性较差,因此现很少采用。

（2）电枢移动式

起动机不工作时,起动机的电枢与磁极错开。接通起动开关起动发动机时,在磁极磁力的作用下,整个电枢连同驱动齿轮移动与磁极对齐的同时,驱动齿轮与飞轮环齿进入啮合。发动机起动后,切断起动开关,磁极退磁,电枢轴连同驱动齿轮退回,脱离与飞轮的啮合。电枢移动式起动机其结构较为复杂。

（3）齿轮移动式起动机

齿轮移动式起动机起动时靠电磁开关推动电枢轴孔内的啮合杆,使小齿轮啮入飞轮齿圈。齿轮移动式其结构也比较复杂,一般用于大功率的起动机。

（4）强制啮合式起动机

接通起动开关,驱动齿轮靠杠杆机构的作用沿电枢轴移出,与飞轮环齿啮合,使发动机起动;发动机起动后,切断起动开关,驱动齿轮在复位弹簧的作用下退回,脱离与飞轮环齿的啮合。强制啮合式起动机结构简单、工作可靠、操纵方便,应用最为广泛。

2. 按传动机构分类

（1）非减速起动机

非减速起动机是在起动机与驱动齿轮之间直接通过单向离合器传动。一直以来,汽车上使用的起动机的传动机构都是这种结构。

（2）减速式起动机

这种形式的起动机，在起动机与驱动齿轮之间增设了一组减速齿轮。减速机构具有结构尺寸小、重量轻、起动可靠等优点，在轿车上的应用日渐增多。

3. 按控制装置分类

（1）机械控制式

起动机起动时由驾驶员利用脚踏（或手动）直接操纵机械式起动开关接通或切断起动电路，通常称为直接操纵式起动机，现已被淘汰。

（2）电磁控制式

起动机在起动时，由驾驶员旋动点火开关或按下起动按钮，通过电磁开关来接通或切断起动电路，也称为电磁操纵式起动机。

三、起动机的组成

起动机的直流电动机主要由转子、定子、换向器、电刷，及端盖等组成，如图8-2-2所示。

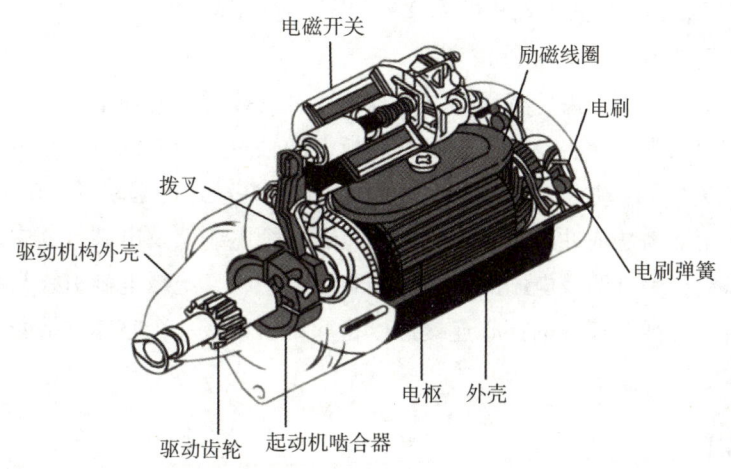

图8-2-2 起动机结构

1. 转子

转子俗称"电枢"，由电枢轴、铁芯、电枢绕组和换向器等组成。转子的作用是产生电磁转矩。典型起动机转子结构如图8-2-3所示。转子铁芯由硅钢片叠成后固定在转子轴上，铁芯外围均匀开有线槽，用以镶嵌转子绕组，转子绕组由较大矩形截面的铜带或粗铜线绕制而成。

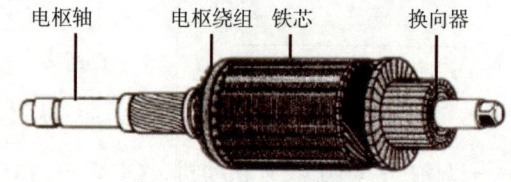

图8-2-3 起动机转子

在铁芯线槽口两侧，用轧线将转子绕组挤紧，以防转子因高速旋转的惯性作用将绕组甩出，转子绕组的端头均匀地焊在换向片上。为防止绕组短路，铜线与铜线及铜线与铁芯之间用性能良好的绝缘纸隔开。换向器由铜片和云母叠压而成，压装于电枢轴前端，铜片之间及铜片与轴之间也有良好的绝缘，换向片与线头采用锡焊连接。转子轴驱动端制有螺旋形花键，用以套装传动机构中的单向离合器。转子与定子铁芯须有一定的间隙（又称气隙），普通起动机一般为0.5~0.8mm，减速型起动机为0.4~0.5mm。

2. 定子

定子俗称"磁极"，其作用是产生磁场，分励磁式和永磁式两类。增大转矩，汽车起动机通常采用四个磁极，两对磁极相对交替安装。

（1）励磁式定子

励磁式电动机定子的铁芯用低碳钢制成，励磁绕组由扁铜带或粗铜线绕制而成，每组匝数一般为6~10匝；线间用绝缘纸绝缘，绕组用白布包扎后浸透绝缘，然后刷漆烘干。励磁绕组与转子串联，故称串励式电动机。

（2）永磁式定子

永磁式定子，是在起动机机壳内表面黏接或用片弹簧固装条形永久磁铁，可节省材料，电动机磁极的径向尺寸小，在输出特性相同的情况下，其质量比励磁定子式电动机可减轻30%以上。因永磁材料性能及结构尺寸的限制，永磁式电动机的功率一般不大于2kW。

3. 驱动端盖、电刷端盖

驱动端盖上有拨叉座和驱动齿轮行程调整螺钉，还有支撑拨叉的轴销孔。为了避免电枢轴弯曲变形，一些起动机装有中间支撑板。端盖及中间支撑板上的轴承多用青铜石墨轴承或铁基含油轴承。轴承一般采用滑动式，以承受起动机工作时的冲击性载荷。有些减速型起动机采用球轴承。

电刷端盖一般采用浇铸法或冲压法制成，盖内装有四个电刷架及电刷。其中两只搭铁电刷利用与端盖相通的电刷架搭铁。另外两只电刷的电刷架则与端盖绝缘，绝缘电刷引线与励磁绕组的一个端头相连接。两端盖与机壳靠两个较长的穿心连接螺栓将起动机组成一个整体。端盖与机壳间接合面上一般制有装配用的定位记号。

四、起动机的型号

根据中华人民共和国行业标准 QC/T73-1993《汽车电气设备产品型号编制方法》规定，起动机型号由五部分组成，如图8-2-4所示。

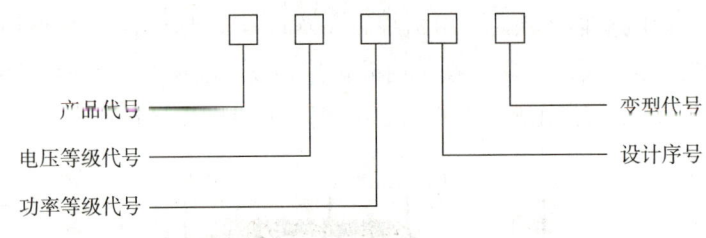

图8-2-4 起动机型号

第一位为产品代号：QD——起动机；QDJ减速起动机；QDY——永磁起动机。第二位为电压等级代号，用一位阿拉伯数字表示：1——12V；2——24V；6——6V。第三位为功率等级代号，用一位阿拉伯数字表示，具体含义见表8-2-1。第四位为设计序号，按产品设计先后顺序，用阿拉伯数字表示。最后一位为变形代号。例如：QD124表示额定电压为12V，功率为1~2kW，第四次设计的起动机。

表 8-2-1　起动机功率等级代号

功率等级代号	1	2	3	4	5	6	7	8	9
功率 /kW	<1	1~2	2~3	3~4	4~5	5~6	6~7	7~8	>8

五、起动机的传动机构

起动机的传动机构，包括驱动齿轮的单向离合器和拨叉两部分，减速起动机的传动机构还包括减速装置。驱动齿轮与飞轮的啮合一般是靠拨叉强制拨动完成，如图 8-2-5 所示。当需要起动时，拨叉在人力或电磁力的作用下，将驱动齿轮推出与飞轮齿圈啮合。待驱动齿轮与飞轮齿圈接近完全啮合时，起动机主开关接通，起动机带动发动机曲轴运转。

发动机起动后，如果驱动齿轮仍处于啮合状态，则单向离合器打滑，小齿轮在飞轮带动下空转，电动机处于空载下旋转，避免了被飞轮反拖电动机高速旋转的危险。起动完毕后关闭起动电源，起动机拨叉在复位弹簧的作用下回位，带动驱动小齿轮退出与飞轮齿圈的啮合。

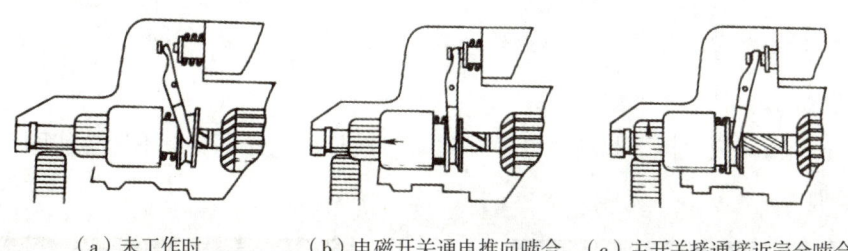

（a）未工作时　　（b）电磁开关通电推向啮合　　（c）主开关接通接近完全啮合

图 8-2-5　起动机驱动齿轮啮合过程

六、起动机的控制机构

起动机的控制机构也称为操纵机构，其作用是控制起动机主电路的通、断和驱动齿轮的啮合与分离。起动机的控制机构分为直接操纵式和电磁操纵式两种。

1. 直接操纵式控制机构

由驾驶员通过起动踏板和杠杆机构，直接操纵起动开关，接通起动机的主电路，并通过起动机内的传动叉将驱动齿轮推出，与飞轮环齿啮合。发动机起动后，松开起动踏板，起动机断电，驱动齿轮在回位弹簧的作用下退回，与飞轮环齿脱离啮合。

2. 电磁操纵式控制机构

电磁操纵式控制机构，俗称电磁开关，其使用方便，工作可靠，并适合远距离操纵，所以目前应用广泛。电磁操纵式控制机构的结构，主要由吸引线圈、保持线圈、活动铁芯、接触盘、触点（主接线柱）等组成，如图 8-2-6 所示。对于汽油机用起动机，电磁开关内还有点火线圈附加电阻短路触点，通过电磁开关壳体的接线柱与点火线圈初级相连。

起动发动机时，接通总开关，按下起动按钮，吸拉线圈和保持线圈的电路被接通，其电流通路为：蓄

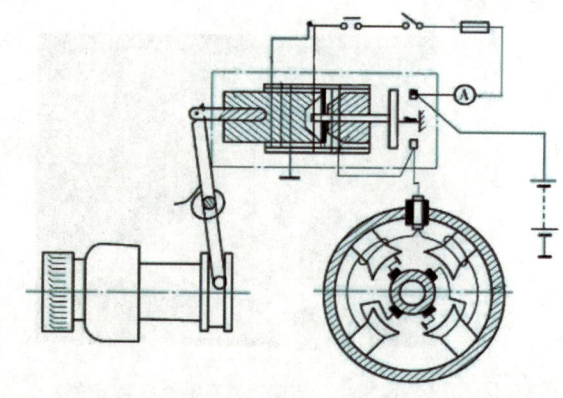

图 8-2-6　电磁操纵式控制机构结构示意图

电池正极→主接线柱→电流表→总开关→起动按钮→接线柱→吸拉线圈→主接线柱→电动机保持线圈→搭铁→蓄电池负极。发动机起动后，在松开起动按钮的瞬间，吸拉线圈和保持线圈是串联关系，两线圈所产生的磁通方向相反，互相抵消，于是活动铁心在复位弹簧的作用下迅速回位，使驱动齿轮退出啮合，接触盘在其右端小弹簧的作用下脱离接触，主开关断开，切断了起动机的主电路，起动机停止运转。

任务实施

一、前期准备

安全防护：实训着装、完成设备防护和场地准备。
工具设备：防护用品、常用拆装工具、测量工具等。
实训设备：轿车起动机。
辅助资料：维修手册、教材。

二、操作项目

1. 起动机的拆装

（1）使用13 mm梅花扳手拆下起动机电磁开关C接线柱固定螺母，取下励磁线圈引线端子，如图8-2-7、图8-2-8所示。

图8-2-7 拆下起动机电磁开关C接线柱固定螺母

图8-2-8 取下励磁线圈引线端子

（2）使用十字螺丝刀拆下电磁开关3个固定螺钉，取下电磁开关、复位弹簧、活动铁芯，如图8-2-9至图8-2-12所示。

图8-2-9 拆下电磁开关3个固定螺钉

图8-2-10 取下电磁开关

图 8-2-11 取下复位弹簧

图 8-2-12 取下活动铁心

(3) 使用十字螺丝刀拆下轴承盖两个固定螺钉，取下轴承盖，如图 8-2-13、图 8-2-14 所示。

图 8-2-13 拆下轴承盖两个固定螺钉

图 8-2-14 轴承盖

(4) 取下电枢轴锁片及 O 型环橡皮圈，如图 8-2-15、图 8-2-16 所示。

图 8-2-15 取下锁片

图 8-2-16 取下 O 型橡皮圈

(5) 使用 8mm 套筒拆下电刷端盖的 2 个固定螺钉，取下电刷端盖，如图 8-2-17、图 8-2-18 所示。

图 8-2-17 拆下电刷端盖的 2 个固定螺钉

图 8-2-18 电刷端盖

（6）使用电刷钩提起电刷弹簧，拆下4个电刷，取下电刷架，如图8-2-19、图8-2-20所示。

图8-2-19 拆下电刷

图8-2-20 电刷架

（7）取下电动机外壳，如图8-2-21所示。

图8-2-21 取出起动机外壳

图8-2-22 驱动机构外壳

（8）分离驱动机构外壳与电枢，取下电枢，如图8-2-22、图8-2-23所示。

（9）拆下弹性挡圈及止动挡圈，取下传动机构总成，如图8-2-24所示。

图8-2-23 电枢

图8-2-24 拆下弹性挡圈及止动挡圈

（10）按照相反的顺序安装起动机。

2. 起动机的检测

（1）定子（磁极）检查

1）检查磁场绕组是否断路：电阻挡R=200Ω，R=0，如图8-2-25所示。

2）检查磁场绕组是否断路：电阻挡R=20kΩ，R=∞，如图8-2-26所示。

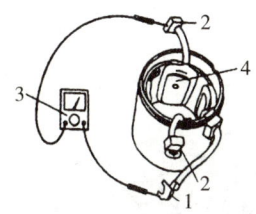 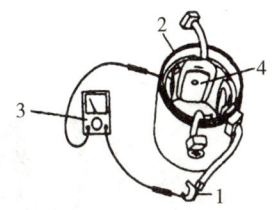

1-磁场线圈；2-碳刷；3-电阻表；4-磁场线圈

图 8-2-25　检查磁场绕组是否断路

1-磁场线圈的正极端；2-定子壳体；3-电阻表；4-磁场线圈

图 8-2-26　检查磁场绕组是否断路

（2）电枢（转子）的检查

1）换向片之间的断路试验：电阻挡 R = 200 Ω，R=0，如图 8-2-27 所示。

2）换向器绝缘片的检查：电阻挡 R = 20 kΩ，R=∞，如图 8-2-28 所示。

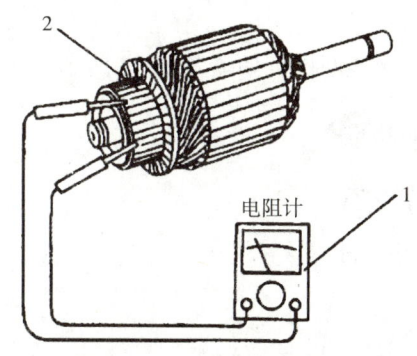 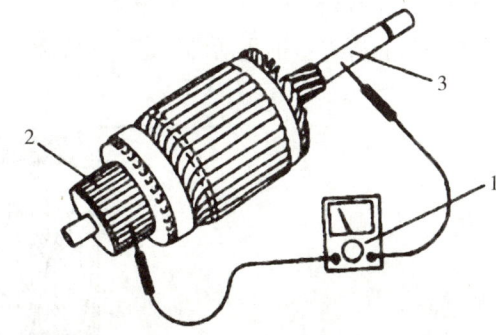

1—电阻表；2—整流器

图 8-2-27　换向片之间的断路检查

1—电阻表；2—整流器；3—电枢轴

图 8-2-28　换向器绝缘片的检查

（3）电刷、电刷架检查

1）绝缘电刷的检查：电阻挡 R = 20 kΩ，R = ∞，如图 8-2-29 所示。

2）搭铁电刷的检查：电阻挡 R = 200 Ω，R = 0。

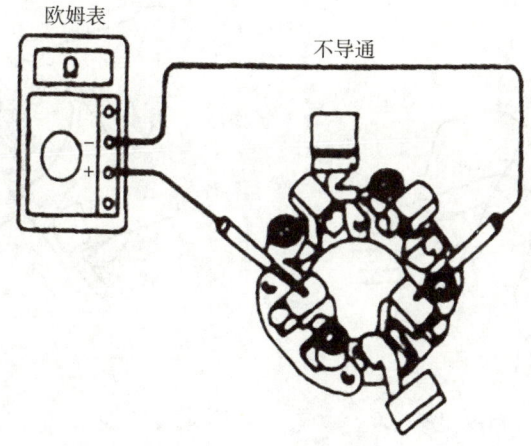

图 8-2-29　绝缘电刷的检查

（4）传动机构的检修

将单向离合器及驱动齿轮总成装到电枢轴上，握住电枢，如图 8-2-30 所示。当转动单向离合器外座圈时，驱动齿轮总成应能沿电枢轴自由滑动，如图 8-2-31 所示。

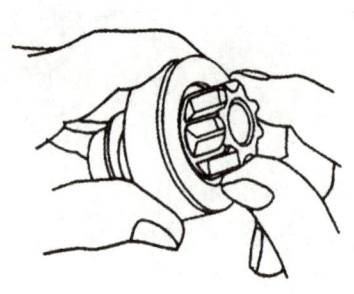 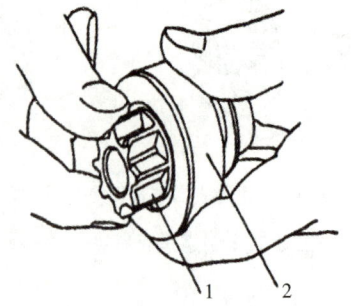

1—小齿轮；2—单向离合器外座圈

图 8-2-30　握住电枢　　　图 8-2-31　检查电枢轴自由滑动

（5）电磁开关的检修

1）活动铁芯的检查：推入活动铁芯，然后松开，活动铁芯应能回位，如图 8-2-32 所示。

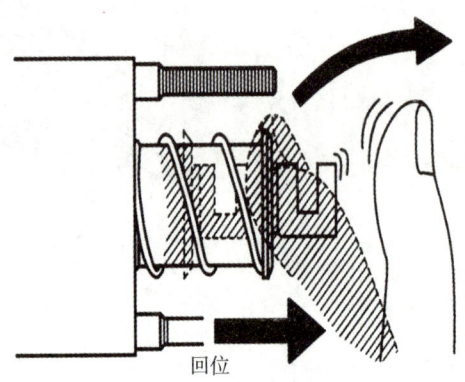

图 8-2-32　活动铁芯的检查

2）吸引线圈开断路的检查：用万用表连接端子 50 和端子 C（电阻挡 R=200Ω），R=0.8Ω，如图 8-2-33 所示。

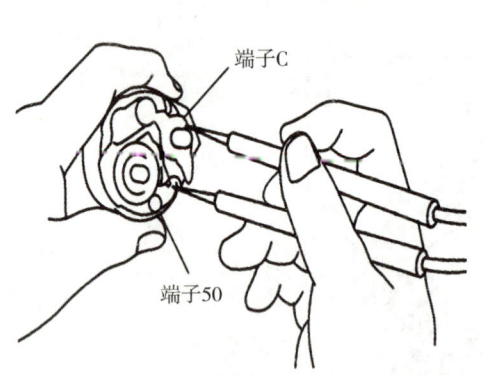 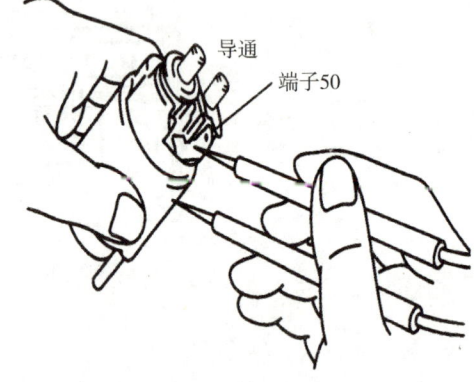

图 8-2-33　吸引线圈开断路的检查　　　图 8-2-34　保持线圈的开路检查

3）保持线圈的开路检查：用万用表连接端子 50 和搭铁（电阻挡 R=200Ω），R=1.8Ω，如图 8-2-34 所示。

4）电磁开关接触片的检查：用万用表连接端子 30 和端子 C（电阻挡 R=200Ω），R=0，R=20kΩ，R=∞，如图 8-2-35 所示。

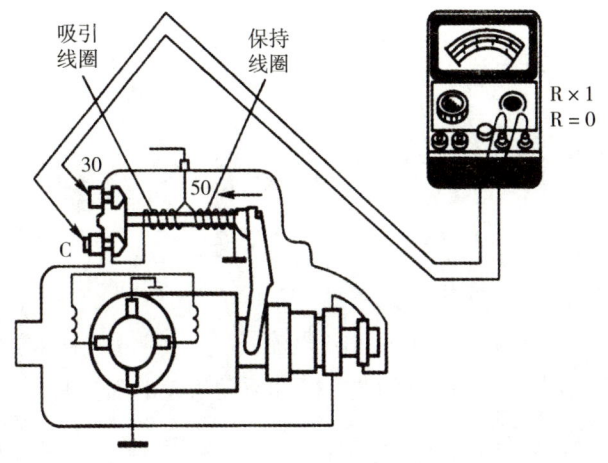

图 8-2-35 电磁开关接触片的检查

三、任务考核

起动机的拆装与检测评分标准。

序号	作业项目	考核内容	配分	评分标准	扣分	得分
1	前期准备	清理工位及工位布置，清点工量具，设备的外观检查	5	未清理工位扣1分，未清点工量具扣1分，未对设备进行外观和安全检查扣3分		
2	零部件拆卸	能否正确按照维修手册的要求进行拆卸并按照规定摆放	15	未按照维修手册进行拆卸工作，每次扣2分		
3	零部件清洁	能否正确按照维修手册的要求进行零件的清洁	10	每一个元件未按照维修手册要求进行清洁扣2分		
4	零部件检测	能否正确利用维修资料完成零部件的检测，并分析得出结论和维修建议	20	不能正确利用维修资料完成零部件的检测每项扣5分，测量条件不正确每一次扣5分，结论或维修建议错误每次扣5分		
5	零部件安装	能否正确按照维修手册的要求进行安装并按照规定进行紧固	20	未按照维修手册进行安装工作，包括紧固角度、扭矩值错误等，每次扣2分		
6	记录表填写	测量值填写是否正确、完整	10	测量值填写错误、不完整，每项扣2分		
7	维修资料使用	能否正确使用维修资料	10	不会使用维修资料扣10分，使用不熟练扣5分		
8	6S现场管理	遵守实训室安全操作规范，正确使用工量具，无人身伤害和设备损坏	10	每单项扣2分，扣完为止。因违规操作发生人身伤害和设备损坏，此项不得分		
		合计	100			

项目测评

一、填空题

1. 发动机起动系统能够顺利起动的基本条件为 _____ 和 _____。
2. 发动机起动系统按起动方式分为 _____、_____ 和 _____ 三种类型。

3. 起动机一般是由直流电动机、_____和_____三大部分组成。

4. 起动机的直流电动机主要由_____、_____、_____、_____，及端盖等组成。

5. 起动机的控制机构分为_____和_____两种。

二、单项选择题

1. 发动机起动系统常采用（　　）电动机。
   A. 直流　　　　B. 交流　　　　C. 电流　　　　D. 电压

2. 起动系统中，用于控制起动机主电路的通、断和驱动齿轮的啮合与分离的是（　　）。
   A. 操纵机构　　B. 传动机构　　C. 电机　　　　D. 定子

3. 若起动转速过低，压缩行程内的热量损失将过（　　）。
   A. 大　　　　　B. 小　　　　　C. 多　　　　　D. 少

4. 目前，几乎所有的汽车发动机都采用（　　）起动机起动。
   A. 风力　　　　B. 电力　　　　C. 人力　　　　D. 发动机

三、判断题（对的画"√"，错的画"×"）

1. 发动机起动时，起动转速越低越好。（　　）
2. 起动力矩与发动机压缩比、温度和机油黏度等无关。（　　）
3. 直流电动机主要由转子、定子、换向器、电刷和端盖等组成。（　　）
4. 起动机的控制机构分为直接操纵式和电磁操纵式两种。（　　）

四、简答题

1. 发动机起动系统的功用是什么？
2. 发动机起动系统能够顺利起动发动机的条件有哪些？
3. 简述起动机的工作原理。
4. 简述起动机的拆装与检修过程。

参考文献

[1] 黄雄健. 汽车发动机构造与拆装[M]. 北京：人民交通出版社，2017.
[2] 朱军. 汽车发动机构造与拆装[M]. 北京：北京出版社，2015.
[3] 史楠. 汽车发动机构造[M]. 北京：电子工业出版社，2016.
[4] 李强. 汽车发动机构造与维修[M]. 北京：机械工业出版社，2019.
[5] 赵俊山. 汽车构造[M]. 北京：人民交通出版社，2011.

学习重点：

学习难点：

必考点：

记录：

学习重点

学习难点

必考点

记录

学习重点:

学习难点:

必考点:

记录:

学习重点

学习难点

必考点

记录